COSA È SUCCESSO?

Dello stesso autore presso Bompiani

Il Budda delle periferie (sceneggiatura, con Roger Michell)
The Black Album
Love in a Blue Time
Nell'intimità
Mezzanotte tutto il giorno
Da dove vengono le storie?
Il Budda delle periferie (romanzo)
Il dono di Gabriel
Goodbye Mother
Otto braccia per abbracciarti
Il corpo
The Mother (sceneggiatura)
Il mio orecchio sul suo cuore
La parola e la bomba
Ho qualcosa da dirti
Il declino dell'Occidente
Tutti i racconti
L'ultima parola
Un furto
Le week-end
Uno zero
Love+Hate

HANIF KUREISHI
COSA È SUCCESSO?
Racconti e saggi

Traduzione di Gioia Guerzoni

www.giunti.it
www.bompiani.it

Kureishi, Hanif, *What Happened? Stories and Essays*
Copyright © Hanif Kureishi, 2019
All rights reserved

First published in 2019 by Faber and Faber Limited
Bloomsbury House
74-77 Great Russell Street
London WC1B 3DA

© 2022 Giunti Editore S.p.A./Bompiani
Via Bolognese 165, 50139 Firenze - Italia
Via G.B. Pirelli 30, 20124 Milano - Italia

ISBN 978-88-301-0573-7

Prima edizione: aprile 2022

A Isabella

PREFAZIONE

Scrivere è la mia vita: fin da ragazzino avevo deciso che volevo raccontare storie e che così mi sarei guadagnato il pane, per poco che fosse. Avevo fatto altri tentativi – lavori in ufficio, teatri, librerie – ma di natura non amo stare in mezzo alla gente, detesto prendere ordini e sono pigro. Cerco sempre di non uscire prima delle nove al mattino e, se possibile, delle nove di sera. Volevo scegliere come annoiarmi. Keith Richards non andava di certo in ufficio e Jimi Hendrix non lavorava in un archivio.

L'inattività ha molti vantaggi. Passare ore da solo in una stanza con quella che Conrad chiama la "libertà dell'immaginazione" – insieme a musica, caffè, penne e carta di qualità – fa decisamente per me. Puoi camminare su e giù per il tuo studio, parlare da solo, schiacciare un pisolino quando ti pare: quale altro lavoro ti permette di fare tutte queste cose? Scrivere mi piace come quando ho iniziato, e forse di più. Di solito mi ci metto appena sveglio, come gran parte degli scrittori che conosco. A volte le parole arrivano facilmente, a volte pian piano, e poi rileggo finché non mi fanno male gli occhi. Ovvio, in certi periodi non riesci a scrivere nemmeno una riga e ti convinci che sia tutto finito, in altri sei inarrestabile e in entrambi i casi non puoi farci niente.

Quando dico che sono pigro non intendo che non sono curioso e non adoro i pettegolezzi, che sono sempre un'utile fonte di storie. Una delle mie scrivanie dà sulla strada, ed essendo Londra una città ricca di eventi c'è molto da guardare, specialmente da quando ho comprato un binocolo.

Mentre Londra è una città che potrei definire eccitante, la Gran Bretagna si è rivelata un paese relativamente calmo e accogliente per gran parte della mia vita. Eppure ci sono state vere e proprie rivoluzioni nella finanza, nella musica e nella cultura, nel modo di vedere la razza, la sessualità, e soprattutto per quel che riguarda il ruolo delle donne che, come mia madre, alla fine degli anni cinquanta erano prevalentemente casalinghe e così si descrivevano senza problemi. Quando le donne hanno cominciato a rifiutare ruoli predefiniti, per gli uomini è cambiato tutto. Abbiamo dovuto modificare il modo in cui ci poniamo e i rapporti con le donne sono diventati più difficili, ma anche più aperti e fondamentalmente migliori. Scrivere di esseri umani significa prendere in considerazione genere, razza e classe. Tutti partono da lì in un modo o nell'altro.

Come molti altri delinquentelli cresciuti in periferia, da adolescente pensavo di non aver niente a che fare con quel posto. La sensazione di non appartenere a nessun credo, religione, classe o paese è un'ottima opportunità per vedere le cose dal margine, o come diceva E.M. Forster "da una posizione leggermente obliqua". Ho usato spesso l'autobiografia – la mia esperienza multirazziale, madre inglese e padre indiano – come punto di partenza di una storia. Partendo dall'enigma che io stesso rappresentavo e di come mi vedevano gli altri, e con qualcosa che provavo e volevo esprimere mi ero avventurato nel mondo, politico e sociale:

la fine dell'impero, i primi anni della mia famiglia in Inghilterra, l'esperienza multiculturale e il riaffiorare del fascismo in Europa, con l'Islam come principio organizzativo.

Fin da giovanissimo ero affascinato dalle biografie e dalle attività quotidiane degli autori, quanto scrivevano e come riuscivano – o più spesso non riuscivano – a guadagnarsi da vivere.

Ora ci sono scaffali interi di libri su quella che viene definita scrittura "creativa" come se ne esistessero altri tipi, e mi diverto a leggere anche quelli. Oltre al fatto che la trama è di solito la parte meno interessante di qualsiasi storia, ben pochi di questi manuali citano il fatto che è grazie alla frustrazione che si arriva da qualche parte. Nella scrittura, come immagino in ogni altra forma d'arte, la paura di rimanere bloccati per sempre, di vivere in un intervallo infinito, è fondamentale, perché gli scrittori ci fanno i conti tutto il giorno. La frustrazione è un motore, uno stimolo, un'opportunità e una sospensione, la si può usare e manipolare per rendere piacevole il dubbio e l'angoscia. Il trucco sta nel non voler uscire troppo in fretta da quello stato di frustrazione: è uno spazio generativo oltre che ansiogeno, ed è lì che devi aspettare e immaginare. La soddisfazione di arrivare a una svolta, di completare qualcosa, è ben poca cosa rispetto al piacere di sforzarsi. Arrivare alla fine significa che devi ricominciare.

Ho avuto la fortuna di frequentare ottimi esperti di scrittura. Dai vari editor e gran parte dei registi che hanno lavorato sulle mie opere, ho imparato a tagliare e organizzare, il mestiere della scrittura: ordine, ritmo e cadenza. E l'importanza dell'indugio: suspense – l'arte di mantenere la tensione.

Un posto perfetto per studiare tutte queste cose è il teatro, dove puoi letteralmente sentire il pubblico reagire alla scrittura. Un bravo autore in genere sa già come vuole che la propria opera si veda o si ascolti – soprattutto se recitata da attori – ma non è mai inutile sentirla dagli altri, cosa che può rendere il processo più dialettico e collaborativo di quanto non sembri. E le collaborazioni in cui sono stato coinvolto – per il teatro e il cinema, la danza e la musica – mi hanno spinto a fare cose che da solo non avrei mai nemmeno contemplato.

Essendo stato così fortunato da lavorare al Royal Court Theatre quando non avevo ancora vent'anni, ho cercato di trasmettere quello che avevo imparato insegnando, e mi è sempre piaciuto parlare di scrittura e di storie, e di come gli scrittori possono intrappolare i lettori, sedurli e giocare con loro, e in generale fregarli facendoli divertire un mondo. È un lavoro di grande responsabilità oltre che socialmente utile. Quasi ogni giorno gran parte degli esseri umani si imbatte in un storia ideata da uno scrittore.

Non ho mai avuto problemi con gli studenti e il loro desiderio di parlare di se stessi e del mondo; di solito sono curioso di leggere quello che scrivono e di ascoltarli. È magico vedere una scintilla di originalità ogni tanto, una maniera unica di esprimere qualcosa, soprattutto se hai contribuito a ispirarla. Come scrisse Čechov del lavoro dello scrittore: "Il mio compito è solo quello di avere talento." Per fortuna il talento è un dono distribuito in modo misterioso e imprevedibile. Lo si può sviluppare, affinare, ma non può essere ereditato o instillato.

Piuttosto, ho avuto dei dissapori con le istituzioni, che sembrano più preoccupate di fare soldi che di migliorare le persone. Eppure, il declino del romanzo come forma d'arte fondamentale per l'esplorazione degli esseri umani, e l'emergere di nuovi media – serie TV, podcast, film indipendenti – hanno dato molte più chance agli autori di ogni età. Ho parecchi amici, scrittori ultrasettantenni con l'energia di gente che ha vent'anni in meno, che sono richiestissimi e non hanno mai avuto tanto lavoro. E in effetti non ho mai conosciuto uno scrittore in pensione. Invecchiare vuol dire avere più cose da dire ed essere meno inibiti. Quando i figli crescono hai più tempo, e in fin dei conti cos'altro puoi fare tutto il giorno?

Un'alterazione significativa nell'ecosistema dello scrittore è stata la proliferazione di festival ed eventi letterari. Quando ero giovane, perlomeno in Gran Bretagna, i reading degli scrittori erano una rarità e quindi era il massimo vedere James Baldwin, Gore Vidal o Norman Mailer che rispondevano a tono e prendevano posizioni politiche nei programmi della domenica sera, dimostrando a noi relegati nelle periferie che gli scrittori e gli artisti non erano animali esotici ma personaggi fondamentali per la vita intellettuale del paese. Adesso invece i festival spuntano come funghi, e alcuni attirano folle enormi, il che è ottimo per la letteratura ma un po' destabilizzante per scribacchini che passano gran parte della propria vita nell'ombra, e che spesso hanno scelto questa vita perché faticano a parlare con le altre persone, figuriamoci davanti a una moltitudine.

Il saggio è una forma piacevole, intima e adattabile, relativamente veloce da scrivere e si spera piacevole da leggere. Alcuni dei pezzi inclusi in questo libro sono stati scritti per occasioni specifiche – come quando mi è stato chiesto di vagabondare per il mio quartiere di West London e descrivere quello che vedevo –, altri perché volevo dire qualcosa su piaceri diversi: droghe, letteratura, pop. Se non sai finché non fai, "Cosa è successo?" è la domanda fondamentale per lo scrittore, perché è lì che può cercare le parole che orbitano intorno a quel gran casino eccitante che è la vita. Di fatto, noi siamo quello che ci turba e ci torniamo di continuo con la vaga speranza – dicendo l'indicibile e trasformando gli incidenti in storie – di avere una

11

sorta di controllo. La coerenza è un'illusione, certo, ma è il continuo processo di sforzarsi e fallire che fa l'arte. Quasi tutti i miei scritti, in varie forme, sono nati perché avevo un'idea o un insieme di personaggi che non mi lasciavano in pace, e dovevo assolutamente trovare le parole per descriverli, qualunque cosa fossero. È così che procedo in genere, seguendo la mia curiosità. Prima osservo, cosa che non richiede particolare metodo, e poi dico, e lì devo essere più chiaro.

E poi c'è una cosa davvero strana: non importa da quanto tempo scrivi – e molti di noi continuano a chiedersi ogni giorno perché ci prendiamo la briga di farlo –, devi comunque ricominciare ogni volta da capo, come se non lo avessi mai fatto prima, il che ti offre una nuova opportunità di frustrazione e speranza.

CIPPI CIPPI GNAM-GNAM

Ecco una cosa strana. Nato da padre indiano e madre inglese, ero cresciuto nella periferia sud di Londra negli anni sessanta, e adoravo qualsiasi film in cui recitasse Peter Sellers, soprattutto *Nudi alla meta*, *Il dottor Stranamore* e la *Pantera Rosa*. Ma i miei preferiti in assoluto erano *La miliardaria* e *Hollywood Party*, in cui Peter Sellers è rispettivamente un medico indiano sognatore e un attore indiano imbranatissimo.

In entrambi i film, Sellers, con un pesante trucco marrone, recita in uno spassoso accento indiano completo del classico dondolio della testa, in più gesticola in modo bizzarro e balbetta cose senza senso. Per esempio quando borbotta al pappagallo in gabbia "Cippi cippi gnam-gnam", una frase che mi piace ripetere ogni volta che mi infilo le scarpe. E mi piace anche canticchiare "Goodness, Gracious Me", il singolo che aveva lanciato *La miliardaria*, prodotto dall'inarrivabile George Martin. Insomma, alla fine degli anni sessanta, mia sorella, mia madre e io eravamo veri e propri fan del personaggio indiano di Sellers e lo imitavamo di continuo perché ci eravamo convinti che assomigliasse a papà.

Mio padre, un indiano musulmano arrivato in Inghilterra alla fine degli anni quaranta per studiare legge era, per accento e scelta dei vocaboli, decisamente borghese. Da bambino e da ragazzo aveva parlato quasi sempre inglese, dato che suo padre – che amava gli inglesi ma odiava il colonialismo – era colonnello e medico nell'esercito di sua Maestà. Però l'accento di papà non ci sembrava indiano, per noi era solo inglese storpiato. Cioè esisteva un accento tipico del sud di Londra, e lui non ce l'aveva. Papà era un imitatore, un pessimo imitatore, com'era destino dei sudditi della corona. Se l'inglese bianco rappresentava il parametro di riferimento dell'umanità, chiunque altro era per forza una patetica approssimazione. Papà non sarebbe mai stato all'altezza e gli indiani erano quindi per forza comici. E siccome mio padre, da buon padre, era autorevole e paterno, il nostro prenderlo in giro lo sminuiva un po'.

Papà era anche tenero, spiritoso e gentile, ma non così diverso, in certi atteggiamenti, dal goffo personaggio di Sellers. Mia sorella e io eravamo nati in Inghilterra e sapevamo come giravano le cose, papà no. Come ho scritto nel *Budda delle periferie*: "Brancolava ancora per le strade come se fosse appena sbarcato." Se i suoi malintesi non fossero stati comici, avrebbero potuto irritare o commuovere.

Anni dopo la mia predilezione mi era sembrata imbarazzante e giurai di non guardare mai più quei film. Mi ero lasciato stupidamente affascinare da una finzione grottesca, un artificio razzista che riduceva mio padre e i suoi connazionali a una caricatura idiota, e volevo rinnegare le mie scelte. Ma di recente li ho riguardati e quando ho smesso di piangere dalle risate ho cambiato di nuovo idea e ho cominciato a riflettere sul perché mi piacevano.

Mia madre aveva sposato quello che nella Londra dei primi anni cinquanta veniva definito un *coloured man*, un uomo di colore, in un periodo in cui l'Occidente temeva tra le altre cose ogni violazione dei confini, e in particolare la contaminazione tra razze diverse, ovvero i matrimoni misti, da cui nasceva il terrore della differenza razziale. Gli uomini di colore non potevano e non dovevano essere attratti dalle donne bianche, e tanto meno riprodursi con loro. Le persone di un colore – qualsiasi colore – dovevano accoppiarsi solo e soltanto con quelle di un colore simile se non si voleva profanare una certa idea di purezza. La separazione razziale assicurava così che il mondo rimanesse uniforme e stabile, garantendo la sopravvivenza della cosa più importante: il potere, il privilegio e la ricchezza dei bianchi. E il crimine degli "incroci" non era cosa da poco: non dimentichiamoci che per trent'anni la produzione di Hollywood bandì le unioni interrazziali dal cinema americano.

In quanto figli di coppia mista, anche se non particolarmente scuri di pelle (mi descriverei come "marroncino"), da piccoli eravamo oggetto di una certa curiosità. Qualcuno si preoccupava per noi perché non essendo né carne né pesce non avremmo mai avuto una patria etnica. Noi meticci eravamo condannati per sempre a vagare in una sorta di limbo razziale. Ci sarebbe voluto parecchio tempo prima che riuscissimo a godere del fatto di essere diversi.

È tenendo presente tutte queste cose che dovremmo guardare *La miliardaria*, senza dimenticare però che Sidney Webb, amico intimo di Bernard Shaw – autore della commedia e convinto sostenitore dell'eugenetica – dichiarò che l'Inghilterra era minacciata dal "deterioramento della razza". Mi ha stupito scoprire che lo stesso Shaw aveva scritto, "l'unico socialismo possibile e fondamentale è la socializzazione della riproduzione selettiva dell'uomo".

Eppure, è importante ricordare che a quel tempo le coppie miste erano una rarità sui grandi schermi. Il film di Anthony Asquith, realizzato nel 1958, era basato sull'adattamento di Wolf Mankowitz della commedia di Shaw del 1936, in cui il protagonista è egiziano. Nella versione di Asquith, la divina Sophia Loren – una ricca aristocratica italiana di nome Epifania Parerga – fallisce nel suo tentativo di suicidarsi ma si innamora di un medico indiano musulmano che all'inizio la vede solo come una rompiscatole.

Mi pare di averlo visto in televisione, e non ricordo molte persone di colore nei film che vedevo al cinema con mio padre, tranne *Zulu* e *Lawrence d'Arabia.* Era anche l'epoca in cui i cineasti neri erano praticamente invisibili. Il personaggio di Sellers, il dottor Ahmed el Kabir, non solo è un musulmano di colore povero per scelta, colto e raffinato, ma è anche dedito ad aiutare gli indigenti e gli emarginati. Ovviamente in quasi tutti i film dell'epoca i nativi vestivano in genere i panni di ladri, domestici, prostitute, oppure asiatici effeminati. In pratica, eravamo sempre visti come personaggi loschi. Roger Scruton, filosofo inglese della destra conservatrice, scrive in *England: An Elegy:* "L'impero fu conquistato da avventurieri e mercanti giramondo che, commerciando con indigeni di cui non potevano o non volevano fidarsi…"

A quell'epoca ci sembrava già incredibile che il film non alimentasse torbide fantasie di uomini di colore che stuprano donne bianche, un luogo comune che sembrava quasi obbligatoria dopo *Passaggio in India* e *Raj Quartet*. E anzi *La miliardaria* ha un lieto fine hollywoodiano, con la coppia di razza mista finalmente insieme, e vissero felici e contenti.

Mentre *La miliardaria* è a tratti insulso e lascia a desiderare, pur essendo salvato dalla bravura dei protagonisti, *Hollywood Party* è un capolavoro. Sellers, senza dubbio un grande attore comico, è al culmine della sua folle genialità, e Blake Edwards è un brillante regista di commedie. Composto come una serie di gag perfettamente studiate – un vortice di incidenti sempre più strampalati –, il film raggiunge l'anarchia più sfrenata quando Hrundi, l'ingenuo indiano impersonato da Sellers, provoca involontariamente il caos totale nella villa del generale Clutterbuck, il produttore alla cui festa Hrundi era stato invitato senza dubbio per errore visto che aveva distrutto il suo set cinematografico.

All'inizio del film Hrundi suona il sitar, e subito ci ricorda che all'epoca – l'anno in cui in ogni negozio, casa o festa in cui entravi, sentivi *Sgt Pepper* – si pensava che gli indiani possedessero una saggezza innata, e fossero quindi superiori al volgare materialismo occidentale. Quando poco dopo Hrundi si aggira nervosamente nell'elegante villa di Hollywood, non è difficile immedesimarsi in lui. Nel corso di un ricevimento non abbiamo forse avuto tutti la sensazione di poter perdere una scarpa nella fontanella e di dover quindi passare l'ora successiva a saltellare su una gamba sola?

Eppure lui è ancora più fuori posto di quanto saremmo noi ed è quasi irritante con la sua cortesia formale e strampalata. "Lei parla industano?" chiede agli sconosciuti, lasciandoli basiti. "Riuscirete mai a capirmi?" potrebbe essere una buona traduzione. "Volete capirmi?"

Hollywood Party era uscito nel 1968 e il mio entusiasmo per quel film mi sorprende anche perché era l'anno del cruento discorso di Enoch Powell, cosiddetto dei "fiumi di sangue". Se mio padre e altri asiatici arrivati in Gran Bretagna sembravano feriti, vulnerabili, vessati, trattati con condiscendenza e troppo tolleranti rispetto agli insulti, il razzismo mi faceva venire voglia di essere molto più duro di mio padre.

La mia generazione voleva identificarsi con le Pantere Nere, non con la Pantera Rosa. Sapevamo che non era necessario piegarci e sopportare, perché era l'epoca di Eldridge Cleaver, Stokely Carmichael e Angela Davis. Quei neri avevano carattere, ed erano tremendamente sexy con le armi in pugno e la camicia aperta. Ero rimasto ipnotizzato quando Tommie Smith e John Carlos avevano alzato il pugno nero al cielo alle Olimpiadi del 1968 in Messico.

Invece non c'è niente di macho in Hrundi. È un protagonista etero molto diverso rispetto a quelli che di solito si vedono nel cinema americano. Quando al party conosce uno dei suoi eroi – un cowboy ruvido e fascinoso dalla stretta di mano virile, noto sterminatore di pellerossa nei suoi film – la piaggeria di Hrundi è surreale, quasi offensiva.

Eppure c'è qualcosa di affascinante nella sua gentilezza. Gli altri uomini nel film, quelli che lavorano nel cinema, hanno un che di brutale e sgarbato con le donne, le trattano con condiscendenza, come se fossero delle bambine. Hrundi è diverso. Forse le donne e le persone di colore occupano una posizione simile nella psiche dei superuomini, e questo spiegherebbe perché la sua amicizia con una civettuola francese, l'attrice Claudine Longet, che canta come Juliet Greco, è così toccante. La ragazza e l'indiano, oggetto del giudizio altrui – lui arrivato dal continente nero e lei che secondo Freud lo rappresenta – possono riconoscersi a vicenda come presunti inferiori. Entrambi vengono visti come eterni bambini.

E invece la stoltezza di Hrundi è molto più che semplice stoltezza. Ha l'aria di uno che non riuscirebbe mai a integrarsi da nessuna parte. E la sua dabbenaggine tenera e innocente diventa un'arma potentissima. Se eri stato umiliato ed escluso potevi unirti alle Pantere Nere oppure, tempo dopo, entrare nell'Isis, vendicandoti di chiunque ti avesse umiliato ed escluso.

Oppure rinunciare del tutto all'idea della vendetta, confondere il paradigma con la tua indecifrabilità e vivere negli interstizi. Dopo tutto, chi sei veramente? Nemmeno tu puoi saperlo. Quando si parla di colonialismo, l'uomo di colore finge di continuo davanti al bianco: finge di non odiarlo, di non volerlo uccidere. In un certo senso, la buffa faccia pittata di Sellers è perfetta, perché tutti fingiamo, anche solo di essere uomini o donne.

Alla fine Sellers il pasticcione sfugge al potere coloniale e guida la rivolta, o meglio l'invasione della villa del padrone bianco, con tanto di elefante, una piccola truppa di giovani vicini e tutta la frivolezza degli anni sessanta. La piscina diventa una nuvola di schiuma che inghiotte le persone, finché nessuno riconosce nessuno. In quel caos carnevalesco, tutti nuotano nella stessa acqua.

Alla fine, Hrundi e la ragazza francese se ne vanno in un'assurda macchinina. In entrambi i film i personaggi di Sellers sanno che solo una donna può salvarli, e così succede. Dettaglio significativo, la donna è bianca.

Se oggi fate una passeggiata serale nella zona di Londra dove era ambientato *La miliardaria*, sentirete la grande energia della mescolanza multirazziale e vedrete una città aperta, sperimentale, dove gran parte degli abitanti è ancora convinta che qui sia stato creato qualcosa di unico, libero e tollerante, nonostante la Thatcher. Dei due film, *La miliardaria* sembra meno datato, perché le divisioni sono riaffiorate. Si dice che i musulmani siano pazzi ad abbracciare un credo estremo e irrazionale, mentre il credo folle e rivoluzionario è sempre stato quello della famiglia di Sophia Loren: capitalismo neoliberista e accumulo di ricchezza così estremi da portare al divario dickensiano in cui viviamo tuttora.

Qui l'uguaglianza non esiste. La prosperità non è mai stata così mal distribuita da quando sono nato, i poveri sono ancora più emarginati, hanno sempre meno diritti. Non solo la città brulica di miliardari inclini a trattare con superiorità delinquentelli e diseredati, ma un medico che volesse aiutare i meno abbienti sarebbe occupato ventiquattro ore su ventiquattro. Londra è tornata al dualismo che c'era già prima degli anni sessanta: una città di fantasmi al tempo stesso vivi e morti, una massa invisibile di profughi, richiedenti asilo, domestici e clandestini, mentre molti destrorsi sono tornati all'idea che la superiorità culturale bianca sia parte integrante dell'identità europea.

Rispetto a quei due film il cui eroe ha la faccia pitturata di marrone, ora abbiamo un nuovo razzismo, che ruota intorno alla religione. E oggi lo straniero è ancora straniero, fonte di seccature e preoccupazioni. Chi è venuto qui in cerca di lavoro o della libertà può finire per ritrovarsi accusato di ogni genere di malefatta. Come sotto il colonialismo, ci si aspetta ancora che si adatti ai valori dominanti – che ora vengono chiamati "britannici" – e quindi, come da copione, fallirà immancabilmente.

Eppure, se il personaggio di Peter Sellers inizialmente scimmiotta i bianchi, in entrambi i film alla fine riesce a escogitare una strategia eccellente per stabilire un legame con i superiori e superarli in furbizia. Se negli anni sessanta l'Occidente aveva cominciato a guardare all'esotico Oriente in modo nuovo, il personaggio di Sellers ne approfitta. Perché rappresenta qualcosa che sia Sophia Loren che Claudine Longet non hanno e vorrebbero, un tocco esotico e misterioso.

Sia per Kabir che Hrundi, l'amore è la porta sul mondo bianco dominante, un mondo di classe e privilegio. Per esistere in Occidente, l'uomo di colore deve dimostrarsi, come avrebbe detto lo psichiatra-filosofo Frantz Fanon, degno dell'amore di una donna bianca. Una donna di colore ha poco valore sociale, ma una donna bianca è un biglietto da visita che può aprire molte porte. Grazie a lei e accanto a lei, amato come un uomo bianco, può infilarsi in Occidente e venire visto sotto un'altra luce. Forse scomparirà, oppure forse riuscirà a cambiare le cose o persino a sovvertirle un poco; i loro figli verranno trattati male, oppure, mossi dalla rabbia, combatteranno per cambiare il mondo.

Hollywood ci dice che l'amore dev'essere la nostra aspirazione ultima. Eppure questi finali deliziosi contengono aspetti più complessi di quello che i film stessi riconoscono. Cippi cippi gnam gnam, senza dubbio.

SE LE LORO LABBRA NON FOSSERO SERRATE DALLA PAURA

Antigone è un'eroina particolarmente moderna: ribelle, dissidente, femminista, anticapitalista (i princìpi contano più del denaro), forse suicida, martire di sicuro e senza alcun dubbio una donna difficile, testarda, non diversa da alcuni dei personaggi femminili di Ibsen. Più decisa, meno irritante, ciarliera e indiretta di Amleto – ma, potreste dire, ugualmente adolescenziale – ha continuato a splendere nei secoli rimanendo uno dei grandi personaggi della letteratura. È una santa, una criminale dall'integrità straordinaria, una masochista, o soltanto una donna cocciuta e insolente? O forse una "pazza", nel senso di incomprensibile?

Anche se la psicanalisi non è determinismo, con i genitori che si ritrovava – l'incesto, e poi Edipo che si era accecato e Giocasta suicida – viene da pensare che non avrebbe avuto nessuna chance. Eppure è una splendida creatura, con quell'aura romantica dell'outsider, e così viva nella sua durezza, nonostante sia di un'intransigenza ai limite della sopportazione.

Per un'attrice è una parte meravigliosa in cui calarsi. Non dovremmo mai dimenticare però che *Antigone* è soprattutto una tragedia di Sofocle, in cui una giovane donna sfida un re e la legge per seguire la propria coscienza. È la storia di un individuo contro lo stato. Il testo, descritto da Hegel come "la tragedia sublime per eccellenza e, sotto ogni punto di vista, l'opera più perfetta che lo spirito umano abbia mai prodotto", è un contributo al mondo dello spettacolo e non una tesi, anche se come personaggio Antigone è interpretabile all'infinito ed è stata ripetutamente analizzata da filosofi, psicanalisti, femministi, critici letterari e rivoluzionari.

Nel nome di Antigone bisognerebbe mettere l'enfasi su quell'"anti". La sua volontà, il desiderio profondo che non dimentica mai, è quello di dare degna sepoltura all'amato fratello Polinice, accusato di tradimento, il cui corpo giace al di fuori delle mura di Tebe. Questo è fondamentale per lei e non ha dubbi: suo fratello non finirà in pasto ai cani e agli avvoltoi. Gli farà onore con i rituali che si convengono, nonostante il fatto che il cadavere sia stato abbandonato come punizione, perché Polinice ha combattuto contro la sua città natale. Sofocle non sta parlando di oppressione nel senso che intendiamo noi. Antigone non intende sovvertire l'ordine sociale, ma vuole ribellarsi, fare di testa sua, trasgredire.

In questo dramma padre-figlia, Creonte, zio e avversario, l'uomo che potrebbe diventare suo suocero perché padre di Emone, è una specie di sostituto del padre, un tipo rude. È un leader, un politico intelligente con un lato da padrino mafioso, un padre primordiale a cui tutte le donne devono appartenere. Non è l'uomo che si lascia prendere in giro o sconfiggere da una giovane donna che fin dall'inizio è determinata a non ammirarlo, ed è decisa a scalzarlo. E infatti continua a ripetere che le leggi della città parlano attraverso di lui.

Anche Creonte come Edipo, di cui Antigone si è presa cura per molti anni, è un uomo accecato. Sono molte le cose che non può permettersi di vedere o riconoscere. Antigone, invece, senza figli da proteggere, può entrare nel "regno degli uomini" e tentare di convincere Creonte a capirla, a riconoscere l'assurdità della legge. Lei è la sua perfetta antagonista, la necessaria seccatura, nella posizione ideale per vedere al suo posto, per mettere in luce le sue debolezze e tormentarlo.

Sebbene Antigone sia promessa in sposa al cugino Emone, Creonte insiste non a torto che la legge va rispettata perché si sostituisce all'autorità degli individui. Non ci possono essere eccezioni, ed è proprio questo il punto della legge, è assoluta. Ma per Antigone la legge è patologica e sadica, e l'etica è ideologia. Non le interessa la felicità – è accusata da sua sorella Ismene di godere del fatto che Polinice sia morto – ma l'opera è senza dubbio incentrata sul godimento. Se la legge si diverte a nostre spese, anche Antigone si divertirà, forse troppo, portando il suo sacrificio al limite – la morte, e anche oltre, fino al "mito", assicurandosi di non scomparire mai.

Antigone è certamente una femminista, una ragazza che sfida il patriarcato, una donna sola che tiene testa a un uomo crudele. Ma non c'è solidarietà femminile o senso di comunità nelle sue azioni: Antigone non vuole rimuovere Creonte e sostituire la sua dittatura con un sistema più democratico. Infatti, Sofocle intende dimostrarci come la legge e il dissenso si generano a vicenda, illustrando la necessaria tensione tra lo stato e il popolo, la famiglia e l'individuo, l'uomo e la donna.

Per quanto terribile, Antigone è unita a Creonte nell'amore, perché finiamo per essere inevitabilmente legati ai nostri nemici. Lei non è più libera di lui, ma sono affascinati l'uno dall'altra. La cosa più tremenda in Antigone non è tanto il suo credo, ma il modo in cui lo dà per scontato. Non ha alcun dubbio. Non è certo un esempio da seguire, anzi; e tanto meno rappresenta il modello di chi è riuscito a perseguire i propri desideri, è una persona che non sa pensare, sembra priva di flessibilità intellettuale.

La sua intransigenza imita quella di Creonte e infatti, i due hanno caratteri simili: sicuri di sé, nessuna ombra di dubbio, totale incapacità di compromesso. Entrambi sono affetti da un eccesso di certezza, e quindi saranno sempre in rotta di collisione. Entrambi si rivelano dei mostri, ed entrambi dovranno morire.

L'opera di Sofocle, quindi, è perfettamente equilibrata nel modo in cui coinvolge il pubblico, passando da un ragionamento all'altro. È un gioco di voci e un esercizio di democrazia che non propone soluzioni, ma mette chiaramente in mostra le questioni fondamentali. Non esiste un bene su cui tutti concordano. Il bene è ciò di cui si può discutere, ma è impossibile raggiungere una posizione finale senza imporla, una forma di utopia che può portare solo al fascismo.

Ogni azione ci rende in qualche modo colpevoli. È come se volessimo credere di poter vivere senza fare del male agli altri. Ma questa magnifica storia di "eccesso demoniaco" non può che finire male per entrambe le parti, con Antigone che si uccide e Creonte, che ha perso il figlio e consumato dal senso di colpa, supplica gli dei di dargli la morte.

Antigone potrebbe essere descritta come uno strumento per insegnare la dialettica, un "cosa succederebbe se" che mostra le azioni umane da vari punti di vista, proprio come lo scopo della psicanalisi non è quello di eliminare i conflitti ma di esporli. La tragedia non ci dice cosa pensare, non è una guida in quel senso, ma ci ricorda che la perplessità è fondamentale. Racconta un conflitto necessario dimostrando che certi conflitti, utili e non mortali, rendono possibile la democrazia.

L'AMORE È SEMPRE UNA NOVITÀ

Era in albergo ad aspettarlo, una camera economica, con una brutta vista. Dopo si sarebbero lasciati, così avevano deciso. Ma quell'ultima notte, nessun freno.

Era in albergo ad aspettarlo, era arrivata presto per schiarirsi le idee. Doveva tenere il telefono acceso per lui, ma i bambini e Peter continuavano a mandarle messaggi. Era con un amico malato, in punto di morte. Le veniva un po' da ridere per quella bugia ma loro, ed erano le uniche persone che aveva, non la lasciavano mai in pace. La sua famiglia era così, tanto famiglia, le piaceva ripetere. E lui, Mr Addio, stava per arrivare.

Era in albergo ad aspettarlo. Dopo un po' di pratica era arrivata ad apprezzare l'aggressività in camera da letto, e anche l'esibizionismo. In poche parole, era sempre stata una donna perbene. Che rivoluzione nella sua vita, tutto era stato riorganizzato per accogliere lei, una persona nuova.

Fino ad allora era stata con cinque o sei uomini e aveva tenuto gli occhi chiusi. Nervosa, tanto agitata da sorvolare il mondo sulla scia dell'ansia, era sempre fuggita di fronte ai suoi desideri. Si era convinta che la gente fosse così. Si vergognava, non riusciva ad accettare le proprie ferite.

{ Era stata troppo buona per il suo stesso bene. A volte devi lasciare che la gente ti detesti. }

Mr Addio era l'unico a cui piaceva parlare. Le chiedeva quali erano i suoi desideri, le spiegava cosa voleva fare. "Prendimi le dita in bocca, piegati, apriti. Fammi vedere. Devo vedere." Le faceva usare certe parole. Se le ripeteva ora, erano tutto.

Era un uomo indaffarato, grasso e peloso, un piazzista bugiardo, un porco e uno sbruffone, la voce più fallica del cazzo. Ogni incontro con Mr Addio era uno schiaffo a tutto quello che pensava di sapere. La faceva sentire così trasgressiva che voleva staccargli la faccia a morsi, portarsela via e farla indossare a tutti quelli che conosceva.

Era in albergo ad aspettarlo e guardava fuori con le mani sulla finestra, gli aerei che attraversavano il cielo. La gente si spostava molto più di quanto si potesse pensare. Si tolse i vestiti, li buttò a terra e camminò su e giù per la stanza con addosso soltanto le scarpe. Nuda, in quel cubo, si sentiva più libera.

Nell'immaginazione siamo dei pervertiti, e lei era andata oltre. È così che si dice quando sai di non poterti controllare. L'eros la spingeva, e aveva capito che il sesso non è giustizia. Desiderio e disgusto erano due gemelli perennemente innamorati: voleva essere violenta e disgustosa. Scriveva liste di desideri per ricordare il tipo di disgusto che aveva in mente. Non riusciva ancora a capire da dove venisse quel cambiamento, o a chi potesse chiedere spiegazioni.

Era in albergo ad aspettarlo. A vent'anni, qualcuno le aveva detto che avrebbe capito la passione solo a quaranta e a non farsene sopraffare verso i quarantacinque. Anche allora non sarebbe stato troppo tardi. E in ogni caso, che avvertimento. Ma era vero, non aveva idea di cosa può fare il corpo. Chiunque ti rendesse così irrazionale andava ringraziato.

Lo aspettava, sapendo che anche adesso il suo desiderio era annacquato da qualcosa come l'amore. Appena lo vedeva, diventava più tenera di quanto avrebbe voluto, lo baciava troppo. Lui l'aveva spogliata fino alle ossa. La gente dice che si dovrebbe imparare a vivere senza appoggiarsi agli altri. Ma cosa succede se qualcuno ti fa sentire così bene che ti dimentichi di tutto il resto?

Era nella stanza d'albergo ad aspettarlo, e pensava di infilarsi sotto il letto per fargli prendere uno spavento. Sarebbe rimasto lì con un'espressione confusa e avrebbe capito come poteva essere senza di lei, che fuori di lì non c'era estasi. Forse si sarebbe seduto. Forse avrebbe cominciato a riflettere.

Era nella stanza d'albergo ad aspettarlo. Non voleva spaventarlo. Aveva voglia di fumare ma le finestre non si aprivano. Forse era attratto da lei per il fatto che aveva avuto un esaurimento ed era stata rinchiusa perché la sua mente era in fuga. Forse pensava che le persone come lei avrebbero fatto qualsiasi cosa.

Era nella stanza d'albergo ad aspettarlo, e presto, come si suol dire, fine della storia. Avevano fatto tutto quello che due persone possono fare insieme; lei lo voleva ancora, poteva farlo ancora, ma aveva una famiglia. Lui voleva una ragazza con cui condividere un croissant, non un'invasata da cercare in una stanza.

Era nella stanza d'albergo in attesa di vedere le piante grigie dei suoi piedi. Ben presto avrebbe rinunciato al suo massimo piacere per unirsi alla tribù dei Non Scopati. Lui la faceva ridere ma lei cominciava ad annoiarlo, e i veri pazzi sono quelli che deludono gli altri. Temeva di amarlo più di quanto temesse la morte. La passione rendeva impossibile la vita quotidiana e interferiva con il terreno bruciato che era la sua realtà, grazie a Dio.

Era nella stanza d'albergo ad aspettarlo. Le piaceva stare con i suoi figli, ma accudire il marito infermo era un dovere. Con lui era come cercare di fare l'amore con tua madre. La rettitudine stava nel rinunciare a tutto ciò che amavi per far felice qualcuno che non ti piaceva. E adesso si rendeva conto che quell'uomo brutto era la cosa migliore che aveva. Ma come potevano convivere quelle idee?

Lo stava aspettando e c'era molto che non voleva sapere. Dopo avrebbe cercato forsennatamente di dimenticare le cose che le stavano più a cuore.

Era nella stanza d'albergo ad aspettarlo nelle ore, nei minuti e nei secondi prima che lui diventasse un fantasma e lei tornasse in sé. Era nella stanza d'albergo ad aspettarlo, e ovunque, chiunque aspetti qualcosa, aspetta l'amore.

L'ETÀ DEGLI ECCESSI

Negli anni sessanta, quando eravamo adolescenti, le droghe erano una novità, non solo per noi, ma anche per i nostri genitori e per la cultura stessa. Noi ragazzini di periferia arenati nel Kent sapevamo che stava succedendo qualcosa di strano a Londra, perché ne aveva parlato persino la band più famosa del mondo, i Beatles – che erano stati rispettabili e perbene fino ad allora ma poi avevano cominciato a mettersi dei vestiti colorati e a farsi crescere i capelli. La loro musica in quel grandioso periodo intermedio parlava di trip e canne e pasticche, che a quanto pareva trasportavano la mente in una zona libera, senza freni, dove le regole consuete non si applicavano e dove potevi vedere cose in genere nascoste.

Queste canzoni parlavano di libertà e di andarsene da casa, e soprattutto a quell'età essere liberi voleva dire molto per noi. La noia e la violenza della scuola, la monotonia della vita che avevamo davanti – lavoro, mutuo, debiti, figli – erano già abbastanza pesanti. Quello che ci si aspettava da noi era stato deciso molto presto. Non c'era nulla di eccitante nel nostro futuro e non eravamo pronti ad accettarlo.

I sobborghi di Londra non erano ricchi come quelli americani. La nostra zona, Bromley, era ancora devastata dalla guerra. Il cibo era disgustoso, gli uomini portavano la bombetta e la scuola era un perenne episodio di sadismo. Ma *Il laureato* ci raccontava cose belle. Nel divertente romanzo di Charles Webb come nel film di Mike Nichols, quando Benjamin Braddock torna a casa dall'università il mondo dei suoi genitori gli sembra finto. Dal punto di vista dei ragazzi, lo stile di vita degli adulti era del tutto assurdo. Chi mai voleva integrarsi in quel patetico mondo alla John Cheever dove tutti avrebbero dovuto essere appagati ma non lo erano? L'infelicità e il disagio erano palesi, mentre i piaceri, soprattutto l'alcol e la promiscuità, rappresentavano colpe da nascondere il più possibile. I loro piaceri non erano nemmeno un piacere.

In quei giorni la gente parlava ancora di alienazione, e non era un caso che David Bowie cantasse di creature dello spazio. Eravamo le persone sbagliate nel posto sbagliato. Si diceva che l'arte potesse cambiare il modo in cui vedevi le cose. Ma il soporifero Mozart, i film di Hollywood o i dipinti di Renoir non potevano aiutarci a fare la rivoluzione che volevamo.

Poi avevamo sentito Little Richard e Chuck Berry. Ogni tanto vedevamo i Rolling Stones o i Who in televisione. All'improvviso ci eravamo resi conto di un rumore di sottofondo sporco, osceno, che violava ogni decenza e che rappresentava un piacere amplificato mai conosciuto prima. Da qui la letale associazione: il piacere era malsano e poteva farti impazzire. Come il sesso, era eccessivo. Non potevi capirlo né afferrarlo ma lo inseguivi, e ti faceva ballare, ti rendeva creativo.

La musica – non il cinema, la televisione o i romanzi – era la forma culturale più significativa e stava cambiando tutto, e per tutti.

Si diceva che all'epoca il paese fosse invaso dalle droghe, ma quando ne avevi bisogno non era facile trovarle. Verso la fine degli anni sessanta in generale fumavamo hashish, prendevamo anfetamine e tranquillanti e ci facevamo di LSD, spesso a scuola. Baudelaire, scrivendo di droghe, parla di un incontro con quello che definisce "il meraviglioso", ma anche dell'ansia e della paranoia che crescevano quando fumava hashish. Ci racconta anche di come sia faticoso dominarsi, e che si può perdere il controllo, il che potrebbe anche rappresentare una fonte di ispirazione. Sotto l'effetto delle droghe vedi e senti cose che non potresti sperimentare da sobrio. Anche la comunicazione può migliorare: se si è meno cauti e più rilassati spesso si finisce per parlare di più e ridere più facilmente. Se si perde di vista il proprio io sobrio, è forse possibile scoprirne uno migliore. Potresti voler vivere diversamente. Per noi era diventato una promessa. Dopotutto è dagli albori del mondo che l'uomo sperimenta ogni genere di sostanza per alterare la mente: caffè, vino, tabacco, mescalina, funghi, piante e così via. Le prime religioni usavano le droghe per raggiungere saperi sublimi, per ampliare la prospettiva da cui guardare alle cose.

Noi eravamo meno tormentati, stressati, giudicati e avevamo meno droghe legali dei ragazzini di oggi; e poi gli adulti erano più disattenti. Il fatto che le droghe fossero illegali e malviste le rendeva ancora più eccitanti, ovvio. Andare contro le regole dei genitori, e ogni regola in generale, era di per sé uno sballo: potevi credere che ribellandoti ai divieti avresti reso il mondo un po' più vasto.

Il capitalismo del dopoguerra iniziava a fare miracoli per qualcuno, e in periferia gli operai cominciavano a diventare consumatori. Il capitalismo ci dava cose belle che prima non avevamo e che quasi nessuno possedeva ancora nel mondo: cucine moderne, jeans di qualità, LP, negozi ricercati. I nostri vicini si vantavano di avere nuovi divani, frigoriferi, televisori, era difficile tenere il passo. Ma senza dubbio i miseri alloggi prebellici e il quartiere distrutto dai bombardamenti avevano bisogno di un po' di allegria. Mia madre aveva sempre lavato i vestiti a mano e quindi la lavatrice era stata una vera e propria rivoluzione per lei.

Scrittori come Baudelaire, de Nerval, Huxley e più tardi Tom Wolfe e Hunter Thompson avevano scritto del consumo di droghe nei circoli intellettuali, ma ora, per la prima volta, erano disponibili a tutti e come la musica pop avevano raggiunto le periferie. Le varie sostanze che avevamo cominciato ad assumere nelle stanze degli amici, nei parchi e in seguito nei pub, rappresentavano un piacere istantaneo, mentre tutto il resto in periferia era rimandato. Il consumismo era una questione di pazienza, di attesa, lento accumulo e miglioramento graduale. Il capitalismo non faceva più morire di fame i lavoratori ma li faceva morire di mancanza di piacere. Bisognava lavorare, non fare l'amore. Dovevamo renderci conto che la felicità, se non il piacere, erano sempre altrove.

L'Occidente si era sempre più allontanato da Dio. La religione stava sparendo ma non era scomparsa del tutto, e non era ancora stata del tutto sostituita dal consumismo. La minaccia della disapprovazione divina veniva ancora usata come forma di controllo. Eppure, mentre vagavamo in jeans strappati e canottiere del nonno tinte a tie-dye, evitando mod e skinhead, sapevamo che il gioco dell'autorità tradizionale era stato scoperto e che le regole che ci avevano insegnato a rispettare non erano sensate. Le droghe erano proibite ma venivano permesse, quando non incoraggiate, cose ben peggiori: genocidi, guerre, razzismo, ineguaglianze, violenze. Nessuno avrebbe torto un capello ai propri figli ma certi erano pronti ad ammazzare quelli degli altri. In fin dei conti, non ci fidavamo degli adulti, che non erano poi cresciuti veramente. Le generazioni cominciavano a somigliarsi.

In più negli anni settanta, il capitalismo – che ti costringe a essere ansioso, in costante stato di allerta – cominciò a vacillare. Il sistema era più anarchico, accidentato e imprevedibile di quello che i politici immaginavano, il suo andamento oscillava, e tu con lui. Tutto ciò che al capitalismo piaceva promettere – sviluppo, ricchezza, aumento dei consumi – non poteva realizzarsi. Stava per dilagare la disoccupazione, la società era sull'orlo del baratro e, come dicevano i punk, ci aspettava solo un "No future". Eppure il capitalismo non si poteva abbandonare – anche perché a partire dalla fine del socialismo era visto come il naturale stato delle cose. L'unico modo per progredire era trovare in quel mondo un angolino vivibile, così si spiega la ritirata nella spiritualità in varie forme, yoga, Zen e mindfulness. Oppure in altre droghe.

Ma cosa potevi fare da fumato che non ti veniva da sobrio? Eravamo meno ansiosi e preoccupati per il futuro. Ridevamo di più e potevamo sviluppare idee creative, anche le più assurde. E poi c'erano altre considerazioni, in genere risibili. Migliaia di epifanie nello stesso istante. William Burroughs, alla fine della *Scimmia sulla schiena*, scriveva: "Euforia significa vedere le cose sotto una prospettiva tutta particolare. Euforia significa liberazione momentanea dalle imposizioni della carne che invecchia, della carne prudente, esasperante, spaventata. Forse io troverò nello yage quello che cercavo nella droga, nella marijuana, nella cocaina. Lo yage può essere l'ultima dose."[1]

---

[1] William Burroughs, *La scimmia sulla schiena*, trad. it. di Bruno Oddera, Milano, *Rizzoli,* 1998. (*N.d.T.*)

Ma quando le "droghe" diventarono finalmente disponibili negli anni sessanta, lo scandalo e la costernazione generali furono tali da farci capire subito che il problema non era l'innegabile danno che potevano comportare. Lo svantaggio non erano i potenziali effetti nocivi sulla salute o la dipendenza, ma il piacere istantaneo che fornivano, o perlomeno che si credeva fornissero, cioè quello che R.D. Laing chiamava "una Shangri-La della mente" – il desiderio di qualcosa che fosse *oltre*.

Tra il 1990 e il 2000 le droghe diventarono sempre più rispettabili e convenzionali. Ritalin, Prozac e altri antidepressivi – sostanze che rendono funzionanti adulti e bambini senza l'agonia dell'introspezione – si trasformarono in un'autostrada per l'efficienza. La vita dell'individuo e il significato dei sintomi venivano sostituiti dalla biologia e dalla lingua della scienza; la chimica sostituiva la storia del singolo e i medici venivano rimpiazzati dall'autodeterminazione. Eravamo diventati macchine che non funzionavano, non persone con genitori e un passato che poteva valere la pena di esplorare con le parole e con l'arte chiedendoci perché inspiegabilmente eravamo affaticati o esausti. Non c'erano domande illuminanti e nemmeno il bisogno di rallentare per capire, no, bisognava funzionare per lavorare, competere, avere successo. Farmaci, cure e introspezione erano diventati un braccio del capitalismo.

Il piacere, l'elisir del diavolo, una sostanza magica più preziosa dell'oro, è da sempre fonte d'ansia, ed è per questo che si tende a vederlo negli altri, ed è più facile parlarne, goderne, o condannarlo. Il pericolo delle droghe non era tanto il fatto che creassero disorientamento, se non addirittura follia e dipendenza, ma che dessero un piacere gratuito illecito o addirittura malvagio. Le droghe erano l'euforia dell'idiota. La teoria era questa: se ti piaceva, o non potevi guadagnarci, non poteva essere un bene.

Dopo tanto tempo ora sappiamo ovviamente che né le droghe legali né quelle illegali sono un bene. Per un certo periodo sembravano promettere la libertà dal ciclo di lavoro e consumo, ma invece di riuscire a rappresentare uno spazio esterno – un luogo di riposo, di illuminazione spirituale o di intuizione – sono diventate proprio quello che pensavamo potessero sostituire. Presto avremmo capito che creavano tanta insoddisfazione quanto qualsiasi altro feticcio da due soldi.

Tutte le ideologie mirano a limitare i piaceri. Ma il sistema capitalista è andato oltre: è stato abbastanza scaltro da incoraggiare il piacere e persino la felicità, sapendo bene quanto potessero essere redditizi. È stato miracoloso il modo in cui il capitalismo ha ingoiato tutto. Chi era strafatto ma originale rendeva il capitalismo dinamico perché il sistema si reggeva su quelli che lo sfidavano. La musica più drogata rendeva molto di più alle case discografiche e ben presto anche la depressione fu monetizzata. Divenne la regola: tutto quello che un tempo scandalizzava sarebbe stato addomesticato, se non reso del tutto ordinario, e non solo nella musica, ma nelle arti visive e nella letteratura.

I fattoni, da Baudelaire a Kerouac, avevano imparato che la strada per il paradiso non era certo facile. Anche se Baudelaire parla di droghe come di beatitudine, di calma, di una volgarità liberatoria, di un'esperienza dove tutte le domande filosofiche possono avere una risposta, ci fa capire che spassarsela tutto il tempo è una fatica.

Ma Baudelaire e Kerouac erano prima di tutto artisti oltre che appassionati di droghe. La ricerca del piacere può diventare infernale, un'altra forma di autorità. E anche se le droghe possono renderti poetico colmando i vuoti della realtà, a volte ti fanno sentire inutile, se non impotente.

Nessuno crede più nelle droghe. Nell'arte c'è movimento, c'è pensiero e lavorando a qualcosa che è difficile da plasmare si può riuscire a ricreare se stessi, unendo l'intelligenza all'intuizione. Le droghe più efficaci cancellano l'ambivalenza. Ma fare l'artista non può mai essere semplice, bisogna abbandonare il controllo e lasciare spazio al caos. Nell'arte, come in qualsiasi altra forma d'amore, ci sono sentimenti intensi di attrazione e disgusto. Gli artisti possono amare ciò che fanno ma anche odiarlo, il lavoro può diventare tirannia e routine. È noioso, oppure il materiale oppone resistenza o magari il pubblico è disinteressato. Non può mai essere un piacere semplice, diretto.

Sono pochi gli artisti in grado di valutare realisticamente il proprio lavoro, e non ci si può aspettare che lo facciano con serenità. Non può esistere arte senza ansia, feroce autocritica, paura del fallimento e del successo. È un lavoro duro e monotono, e può sembrare forzato. Se ci fate caso, è quasi impossibile convincere un artista della validità della propria opera. Ma questo è il prezzo del biglietto: perlomeno si va da qualche parte.

LONDRA, CITTÀ APERTA

Nel 1957 il registra di cinema e teatro Lindsay Anderson scrisse un breve pezzo polemico per la raccolta di saggi di autori vari *Declaration* sul "calvario" di "tornare in Gran Bretagna". Si lamentava per le "bottigliette di salsa agrodolce", le "patatine fritte ovunque" e un'atmosfera da asilo nido. Sottintendeva che nel "Continente", come si diceva allora, tutto fosse migliore. Il cibo, il clima, i filosofi e senza dubbio il sesso.

Ero più giovane di Anderson e mi consideravo frutto della periferia piuttosto che provinciale, ma la sua analisi mi aveva colpito. Negli anni sessanta, quando i pub chiudevano nel pomeriggio così la gente tornava a lavorare, volevamo che la Gran Bretagna fosse meno nebbiosa, classista e chiusa alle altre culture. Dopo il crollo dell'impero e la perdita del potere, ci eravamo immaginati un'Inghilterra meno isolata, un paese più europeo, cosmopolita, con dentro più mondo, un mondo che avrebbe portato l'euforia del nuovo.

E fu così, successe. Sull'onda culturale e finanziaria Londra diventò una vivace metropoli multirazziale, talmente di successo che molti la preferivano a Parigi, Berlino, Milano.

Per caso ho abitato a Londra ovest per tutta la mia vita adulta, e sono stato felice di aver cresciuto i miei tre figli in questa città dura, in costante trasformazione, popolata di immigrati e stranieri, dove ogni volta che uscivano non avevano idea di chi avrebbero incontrato o cosa avrebbero visto. Speravo che non si sentissero mai come mi ero sentito io in periferia con la sua quotidiana "morte della domenica". E anche se l'azione si è spostata a est della città, non mi sono ancora ripreso dall'euforia di vivere qui.

Negli anni ottanta, quando scrivevo come un pazzo nel tentativo di fare carriera e vivere di quello che scrivevo, c'erano parti di Londra dove amavo passeggiare di pomeriggio o di sera. Soho, Chelsea, Notting Hill: posti dove sedersi e guardarsi intorno, per vedere chi incontravi, perché c'era sempre la possibilità di qualche torbida sorpresa, la notte era sempre giovane.

Una volta queste zone avevano la *ricetta* ideale – un miscuglio di decadenza quasi squallore, amore e sesso, arte, violenza e soprattutto mescolanza sociale. I quartieri erano gradualmente migliorati e poi peggiorati. Quando erano arrivati i ricchi, avevamo capito subito che non c'è niente come il denaro per privare qualsiasi cosa del suo fascino.

Una città che ha perso il suo lato losco ha perso praticamente tutto, e quindi eravamo orgogliosi. "Non riusciranno mai a gentrificare il Bush," ripetevamo. E infatti così era stato per molto tempo. La bruttezza e il caos di Shepherd's Bush erano innati, impossibili da sradicare. Ma anche questa zona, resa famosa dalla sitcom *Steptoe and Son* e da *Quadrophenia* degli Who – e dove Dickens aveva aperto una casa per donne "decadute" – sta cominciando, nella parte che confluisce verso Hammersmith, ad assomigliare a una Manhattan in miniatura, con palestre e torri vuote e lavoratori vuoti, demoralizzati.

Eppure: una notte indimenticabile di non molto tempo fa, poco più a nord, nel Green, avevamo pagato dodici sterline per andare al Shepherd's Bush Empire a guardare Prince suonare per tre ore, di cui una totalmente al buio con lui che cantava da solo al piano. Di recente abbiamo visto i Bloc Party che tiravano giù Bush Hall. E per fortuna, appena girato l'angolo, alcuni tratti di Goldhawk Road e buona parte di Uxbridge Road – una strada molto ampia, una delle più lunghe di Londra – hanno mantenuto la ricetta magica.

Una babele, se non un serraglio di culture – polacchi, somali, siriani, afgani, arabi – e un miscuglio perfetto di pericolo e squallore: il mio figlio più piccolo dice che non ti accorgi nemmeno delle risse – è una parte di Londra che ha un mix unico, dove la gente usa la strada come se fosse il proprio ufficio. Un ristorante thai, una panetteria libanese, un negozio di hijab, una raffinata rosticceria polacca, la moschea e il bellissimo edificio del Bush Hall Dining Rooms convivono uno accanto all'altro. A volte mi chiedo se sono l'unico che parla inglese in città. Sembra di stare nel terzo mondo. Ti senti ovunque e da nessuna parte, è un esperimento eccezionale.

Trambusto, rumore e gente nuova ogni giorno: questo quartiere è come una città dovrebbe essere. Un vortice di comunità e di individui, spesso eccentrici; un luogo che prospera grazie al cambiamento, dove puoi essere chi vuoi. La libertà conta molto nel caos di quest'epoca. L'importante è non perdere fiducia negli altri.

DOVE SONO FINITI TUTTI QUANTI?

Una sera di qualche mese fa, a Roma, la mia ragazza e io avevamo deciso di uscire a cena. L'idea era di andare in macchina fino a Trastevere, passeggiare finché non eravamo stanchi e poi sederci a mangiare qualcosa. Era una serata deliziosa e il mondo mi sembrava perfetto quando ci eravamo accomodati sulla terrazza di un locale promettente e avevamo ordinato vino. Le strade erano affollate, il panorama splendido, c'erano grottesche e madonne su ogni muro, e nonostante le mie lamentele sulla monotonia dei menù italiani avevo fame.

Mentre aspettavamo pensavo: lascia perdere il cellulare, osserva il mondo. Guarda le persone, segnati quello che vedi. E così ho fatto, finché mi sono reso conto di provare una strana sensazione. Mi ero ritrovato a farmi una domanda, e non se ne andava. Dove sono tutti? Davvero: *dove sono finiti?*

Ovunque guardassi vedevo solo facce bianche: turisti, passanti, camerieri, commensali. A un certo punto un povero bengalese mi si era avvicinato con una rosa, e avrei voluto chiedergli se stava bene, come se la cavava in tutta quella bellezza, in tutto quel bianco. Ma era troppo occupato a sorridere e a cercare di vendere e ben presto era scomparso. Quando mi ero concentrato di nuovo sulla strada la mia prima impressione rimaneva. Tutti erano dello stesso colore: bianco.

Per un attimo mi soffermai su quel misterioso evento, su quel vuoto, e lasciai correre la fantasia. E se la città fosse stata soggetta a qualche strano fenomeno fantascientifico, come in un film, e tutta la gente di colore fosse stata teletrasportata in un altro tempo o in un'altra galassia? Forse stavano per arrivare, per mescolarsi di nuovo con i bianchi, e il mondo sarebbe tornato normale – un miscuglio di razze e popoli.

Ma forse no, non stavano per tornare. Anzi, ora ne ero certo perché non erano mai arrivati. E sapevo che ormai avrei dovuto essere abituato a quella strana cosa, a sentirmi diverso. Dopotutto ero cresciuto in un sobborgo bianco nel Kent. Andavo in una scuola di bianchi, i libri che leggevo erano scritti da bianchi, tutti i politici erano bianchi e così pure tutta la gente che vedevo in televisione. Stessa cosa più avanti, all'università e quando avevo cominciato a lavorare.

Mentre trascorreva quella serata deliziosa, mi venne in mente un'eccezione. Da giovanissimo avevo letto un meraviglioso saggio di James Baldwin, "Uguali a Parigi", pubblicato nel 1955 in *Questo mondo non è più bianco*.[1] All'epoca quel saggio mi era sembrato un incubo. Baldwin descrive l'esperienza di essere sbattuti in prigione per otto giorni per avere usato inconsapevolmente un lenzuolo rubato da un suo amico in un losco alberghetto della Rive Gauche. Baldwin sapeva bene che a Parigi un uomo di colore sarebbe sempre stato guardato con sospetto, e scrive di come le "glorie antiche" possono creare paranoia nella popolazione originaria, la cui cultura si era de-

---

[1] J. Baldwin, *Questo mondo non è più bianco*, trad. it di Vincenzo Mantovani, Milano, Bompiani, 2018. (*N.d.T.*)

teriorata tanto da rendere gli abitanti vanesi ed egoisti, con
trati soltanto su come mantenere la loro posizione.

 Da allora, lasciare Londra per Parigi, Milano, Stavanger o qualsiasi altro posto, mi rende sempre un po' nervoso, non solo perché si è anonimi ma perché molti hanno delle idee sulla gente di colore che non hanno sui bianchi, e quelle idee possono metterti nei guai, come può confermarvi qualsiasi musulmano che sia passato in un aeroporto. I bianchi non immaginano quanto sia dura, non capiscono il motivo dell'ansia, che spesso reputano esagerata. Ma la prima cosa che noti di qualcuno è se è maschio o femmina, poi di che colore ha la pelle, e la mitologia di quel secondo dettaglio di rado è a favore della persona di colore. Così la domanda da farci è *chi siamo* in un'Europa sempre più pericolosa, e cosa ne sarà di noi?

 Amo Roma più di ogni altra città perché è la più malinconica di tutte le grandi capitali europee, triste e quasi tragica nel suo decadimento e abbandono. Penso a donne anziane vestite di nero e a vecchi intellettuali in giacca e cravatta, fuori da ogni tempo e luogo, che parlano solo con se stessi, come personaggi di una commedia di Čechov.

 Ricoperta di graffiti, cadente e trascurata, mi ricorda la Londra anarchica e libera degli anni settanta, un luogo dove c'è stata una festa grandiosa e poi la bella gente è andata a casa e nessuno aveva voglia di pulire. Adoro il romanticismo di Roma ma i giovani senza speranza mi fanno una gran pena. Non vorrei mai che i miei figli provassero a sopravvivere in un posto del genere, anche se in effetti mi chiedo perché la zona di Londra ovest dove vivo sta diventando sempre più italiana, e ci sono sempre più voci italiane in strada. Cosa cerca la gente che non riesce a trovare a casa?

Lo sfacelo può essere affascinante per un visitatore, ma non tutto ciò che è vecchio è necessariamente carino. E la disperazione che accompagna la decadenza spesso rende le persone crudeli, pronte a incolpare gli altri delle loro disgrazie. Non è solo lo straniero che non si integra, ma la gente del posto che sente sempre più spesso di non appartenervi, di non avere un futuro.

Le splendide serie televisive italiane *Gomorra* e *Suburra*, di cui sono un grande fan, sono racconti fantasiosi ed eccessivi prodotti per il mercato straniero, ma sappiamo anche che la finzione ha il volto della verità. E l'atmosfera opprimente, incestuosa e xenofoba di questi episodi – in cui i personaggi distruggono le loro comunità, e alla fine se stessi, perché non hanno più luce e aria, e la gente è pronta a tradirsi a vicenda – potrebbe essere una lezione sui valori che dobbiamo coltivare.

Guardando la città e chiedendosi come possa cambiare – e quanta paura si possa provare, a seconda del ruolo che ci viene assegnato –, non si può fare a meno di pensare che la civiltà non può essere lasciata nel passato. Dev'essere qualcosa di cui prendersi cura, da ricreare giorno per giorno in ogni atto di scambio, in ogni gesto di benvenuto e di accoglienza.

DUE KEITH E IL PIANOFORTE SBAGLIATO

Poco prima del Natale 2017 ero costretto a letto dopo un piccolo intervento. Annoiato, a disagio e per niente dell'umore di leggere, mi ero messo in testa di ascoltare tutto *The Köln Concert* di Keith Jarrett per motivi che non saprei spiegare. L'avevo sentito spessissimo nel corso degli anni, su vinile cassette, CD, e ora in download. Ma siccome tendo ad ascoltare musica mentre faccio qualcos'altro – leggo, scrivo o guardo fuori dalla finestra – non posso dire di averlo davvero *ascoltato* o di essermi davvero immerso in quelle note per molto tempo.

Ricordavo che il doppio album era stato registrato dal vivo a Colonia nel 1975 e un sacco di persone l'avevano comprato, anche chi non avrebbe mai ascoltato nulla di astratto o veloce come Charlie Parker o John Coltrane. I musicisti – non gli scrittori di romanzi, non i registi di film o di teatro, non i pittori – erano stati al centro della cultura in cui ero cresciuto. Erano le nostre guide politiche e spirituali e per noi era fondamentale rimanere in contatto con il loro pensiero. Eppure, per qualche motivo misterioso, non avevo ascoltato l'album fino al 1987.

Ricordo che all'epoca ero depresso perché lo dicevo a tutti, e poi avevo lasciato Londra per andare a trovare la mia amica

Karen, a Cardiff, in Galles. All'inizio degli anni settanta eravamo stati insieme al college a Bromley fino alla maturità, e lei era la prima amica femmina che avevo avuto. Non era un legame romantico: più istruita e più colta di me, tendenzialmente conservatrice, era polemica e divertente da frequentare. Veniva spesso a casa e a mio padre piaceva parlare con lei. Lui stesso ci incoraggiò a fondare insieme una rivista, che sopravvisse per un numero soltanto.

A Cardiff, dove speravo che Karen accogliesse il resoconto conclusivo della mia depressione, scoprii che era diventata buddista e ne aveva sposato uno. Indossavano vesti arancioni, bruciavano parecchio incenso e rimanevano seduti immobili per lunghi periodi. Ero inorridito: anche se erano assolutamente ridicoli, non avevano droghe in casa e indossavano un colore che non dona a nessuno, sembravano felici. Non solo avrei ricevuto poche attenzioni, ma quel pomeriggio volevano andare vedere *I predatori dell'arca perduta*, che era appena uscito. Naturalmente l'ottimismo di quel film mi gettò in uno stato d'animo ancora più nero. Un buon Tarkovskij avrebbe potuto risollevarmi il morale.

Il mio umore sarebbe peggiorato ulteriormente quella sera. Ero convinto che i buddisti ascoltassero perlopiù canti devozionali o qualcosa di sonnolento adatto all'aromaterapia. Il nuovo capitalismo thatcheriano sfiniva la gente, la consumava. Se non riuscivi a tenere il passo, potevi sempre incrociare le gambe e fregartene. Nietzsche chiamava il buddismo "una sorta di igiene". Ma io ero già mezzo addormentato; volevo svegliarmi ed entrare in sintonia con il significato cosmico. Per quello ero lì.

Il marito di Karen, che mi era particolarmente antipatico – soprattutto dopo aver visto come accarezzava devotamente il piede di lei quando eravamo entrati in un negozio di scarpe –

aveva messo *The Köln Concert*, di cui non sapevo nulla. Quando mi informò che il pezzo era un'improvvisazione, cominciai a sospettare che la mia visita sarebbe stata breve. Negli anni settanta e nei primi anni ottanta avevo lavorato in teatro, e a quel tempo ai registi piaceva usare l'improvvisazione per "liberare" gli attori. Quegli esercizi erano interminabili e non avevo mai visto un attore ottenere nulla di decente con quel metodo rispetto a lavorare su una sceneggiatura scritta da chi sapeva il fatto suo. Ma non avendo scelta – le orecchie non si possono chiudere, come ci ricorda Lacan – mi ero messo ad ascoltare. E quelle prime note mi avevano steso; era stato come ricevere cinque colpi in testa.

Quella sera venne a cena una giovane donna loro amica. Quando lei si era ritirata in camera sua e i buddisti nella loro, io ero salito nella mia mansarda e avevo aspettato. A quei tempi ero appassionato di avventure da una sola notte, potevi provare qualcosa di intenso e strano e irripetibile con sconosciuti che sarebbero rimasti perlopiù sconosciuti – a parte la depravazione. Sperando in ciò che Robert Stoller chiama "patologie reciproche", la coppia si sarebbe cristallizzata in una specie di fantasia vivente. Quella era l'idea.

Subito dopo cena io e la ragazza ci eravamo accordati con qualche bisbiglio e lei era venuta da me. Avevamo acceso le candele, ero sceso di soppiatto a prendere il disco, ci eravamo sdraiati sul letto e l'avevamo ascoltato tutta la notte.

Mi ero rannicchiato. Non funzionava niente. Mi mancava la curiosità, ed ero troppo inibito e pauroso per fare sesso con lei, se era quello che voleva. Oppure, certo, se era quello che volevo io. Di rado il sesso è privo di traumi e sono pochi gli incontri sessuali che si possono definire insignificanti, per quanto fugaci.

Ma mi mancava la capacità o l'accortezza di dirle quello che provavo. Se parlare è la cosa più importante che facciamo, avrei potuto provarci. Dopotutto, magari le sarebbe piaciuto ascoltare e rispondere.

Di certo avevo sempre considerato più proficuo e interessante parlare con gli uomini che con le donne. Mio padre e io eravamo stati molto vicini, e avevo visto quanto a lui e ai suoi fratelli piacesse conversare. Invece mia madre evitava le situazioni sociali e la conversazione in genere. Era già nervosa di suo, e si sentiva sempre spaventata, braccata. Più tardi capii che la libertà di dialogare e scherzare non avrebbe mai potuto essere piacevole per lei. Isolata e tutta presa a cercare di non impazzire, sarebbe stata solo disorientata dalle chiacchiere. Per noi era un enigma, e anche lei sembrava non avere idea di quello che le succedeva dentro. Non che volesse essere aiutata. Non le sembrava necessario che le persone fossero interessanti, divertenti o fascinose. Nelle rare occasioni in cui qualcuno veniva a trovarci avrei voluto che si divertisse, o perlomeno avesse una buona impressione di noi. Una volta, mentre stavo enumerando le qualità di una persona che mi piaceva, mia madre mi interruppe per dire: "Perché la gente non può essere semplicemente gentile?" Il mio analista disse che era un'osservazione profonda. Chiaramente era un indizio utile per lui. Lui stesso è una persona gentile, ma non posso immaginare che la gente lo paghi solo per questo.

Durante la notte mi resi conto che quella che chiamavo depressione era rigidità e monotonia, un sapore amaro di nulla. Mi sentivo perso, impaurito in un bosco buio, incapace di godere dei miei pensieri o di quelli di qualcun altro. Potevo entrare in un tunnel di furore totalmente negativo e capriccioso, dove le idee diventavano sempre più nere nella mia testa e mi veniva la tentazione di buttarmi sotto un treno. Chi non conosce qualcuno che si è suicidato e ne ammira anche il coraggio?

Io e Stephen Frears avevamo fatto *My Beautiful Laundrette* e *Sammy e Rosie vanno a letto.* Per la prima volta avevo dei soldi e poco tempo prima ero stato agli Oscar, seduto accanto a Bette Davis, che era stata molto gentile. Ora mi trovavo a una specie di bivio. Sapevo che avrei dovuto iniziare il romanzo che tentavo di scrivere fin dall'adolescenza, e che poi sarebbe diventato *Il Budda delle periferie,* ma non avevo idea di come iniziare. Non riuscivo a trovare la voce giusta. E nemmeno una voce per me stesso.

***

Dopo essere riuscito a sabotare il fine settimana della coppia buddista e aver praticamente perso Karen come amica, appena tornato a Londra comprai la cassetta del *Köln Concert* perché volevo conoscerlo meglio. Il suono è esile e si sente Jarrett che sospira, pesta i piedi e grugnisce un po' come Glenn Gould. Aveva ventinove anni, ed era esausto quella sera. Aveva suonato tardi, subito dopo un altro concerto, e all'inizio si era rifiutato perché l'organizzazione gli aveva fornito il pianoforte sbagliato. Ci era voluta una certa opera di convincimento, a quanto pareva, per farlo iniziare e per registrarlo.

The Köln Concert è un pezzo cangiante, ci trovi pop, gospel, blues e un goccio di melassa, ma Jarrett non si ferma mai abbastanza da assestarsi, e continua a cambiare. Riuscivo a capire che la musica era originale e visionaria ma anche ricchissima, perché conteneva la storia compressa di tutto quello che Jarrett conosceva – tanto che persino oggi riesco a individuare dei dettagli nascosti. E come non pensare che ci vuole una sicurezza incredibile per sedersi davanti a migliaia di persone e inventare una musica che non esisteva cinque minuti prima? Rapito dal suono, estatico, si era esposto – ma solo fino a un certo punto – a un pericolo elettrizzante. Come si fa a essere così liberi? Nietzsche, che amava improvvisare al piano, aveva qualcosa da dire in proposito nella *Gaia scienza*: "Mi vengono in mente quei musicisti, maestri nell'improvvisazione, ai quali anche l'ascoltatore vorrebbe attribuire una divina infallibilità della mano, benché essi sbaglino di tanto in tanto, come sbaglia ogni mortale. Ma essi sono abili e pieni d'accortezze, sempre pronti in un attimo a inserire immediatamente nell'ordine della compagine tematica quel suono quanto mai casuale cui li sospinge un tocco del dito, un capriccio, e a dare al caso l'afflato di un bel sentimento e di un'anima."[1]

Mentre assaporavo il concerto – la cui bellezza cominciò lentamente a convincermi che non dovevo suicidarmi quel pomeriggio – mi resi conto che non avrei trovato la soddisfazione e la felicità quel giorno, né per molto tempo. La mia reazione alla musica mi aveva ricordato che, nascosto nel profondo, c'era un io più vivo e aperto che non vedeva l'ora di uscire. Ma sapevo che potevano volerci anni per smantellare le proprie difese e vivere in modo più libero. Non si poteva prendere una pillola, bisognava fare qualcosa. Avevo capito dalla letteratura freudiana che bisognava "lavorarci". Ma da dove cominciare?

I protagonisti di *My Beautiful Laundrette* erano due giovani gay un po' folli e pieni di ambizioni – uno skinhead e un ragazzo nato da un matrimonio misto – che diventano imprenditori per sbaglio. Il film era un prodotto dei suoi tempi: il capitali-

---

[1] F. Nietzsche, *La gaia scienza e Idilli di Messina*, trad. it. di Ferruccio Masini, Milano, Adelphi 1982. (*N.d.T.*)

smo neoliberale più estremo stava prendendo piede e la società si divideva in vincenti e perdenti. Dove una volta c'era stata una certa solidarietà generazionale e la sensazione di poter condividere i valori della controcultura, in questa nuova era riecheggiava il grido di "Nessun futuro" e il mantra superficiale della fama e dell'accumulo. In più, era l'epoca dell'auto-aiuto, e bisognava riprogrammarsi per avere nuovi strumenti. Alla luce di tutto questo, persino io arrivavo a capire cosa ispirava i buddisti. Se tutto era competizione, capacità imprenditoriale e materialismo, starsene col culo a terra equivaleva a una ribellione.

Ero troppo ambizioso e inquieto per meditare a lungo e purtroppo temo di essere ancora così. Però avevo cominciato a pensare a qualcosa che si collegava alla meditazione. Immagina di mettere da parte, o abbandonare completamente, ogni idea di successo e di fallimento, per procedere solo in modo sperimentale, seguendo passioni e interessi. Cosa succederebbe se abbandonassi quella che Rousseau chiama "la frenetica corsa per distinguersi"? Non era un po' quello che stava facendo Jarrett, che era arrivato sul palco senza sapere come sarebbe andata? Non era forse un gesto laterale, buddista?

A scuola venivamo lasciati a noi stessi, quando non ci davano delle punizioni. Ma ora c'erano orrori freschi e nuove forme di disciplina. Ogni giorno era una prova da affrontare, bisognava avere degli obiettivi. I giovani venivano pungolati a perseguire qualche pretestuoso ideale di eccellenza e successo. Mettendo insieme tutte queste cose e ricordandomi che il rifiuto ci rende umani, avevo pensato di scrivere un racconto su qualcuno che un giorno decide di rifiutare l'idea del dovere e degli obblighi per assecondare il piacere, quello che si potrebbe definire un "sé alternativo", alla ricerca di una "vita alternativa" in cui si rivalutano i propri ideali. Ovviamente il protagonista avrebbe esaurito ben presto i godimenti più ovvi. Se non avesse insistito a lasciarsi scivolare verso la pazzia come Dorian Gray, come avrebbe potuto procedere? Dove l'avrebbe portato questa passione per la sorpresa, cosa poteva accadere?

Non avevo mai trovato un modo di mettere in ordine quella storia. Ma volevo provare a scrivere un libro sulla mia dissonanza. Nonostante il mio stato mentale, la disciplina non mi aveva abbandonato. Andava e veniva, certo, ma vagavo quasi tutti i giorni verso la scrivania, leggevo un po' di quello che avevo scritto e ci tiravo una riga sopra. Di solito scattava qualcosa in quei momenti. Iniziare un nuovo pezzo in genere mi rendeva speranzoso e ottimista. Mi ero lanciato nel romanzo perché dovevo farlo, a cominciare semplicemente dall'affermazione più elementare, con il protagonista che si presenta, come facevamo nei workshop. "Mi chiamo Karim Amir e sono un vero inglese dalla testa ai piedi, o quasi."

Qualche giorno fa, dopo aver ascoltato *The Köln Concert*, mi era venuto in mente di dare un'occhiata al libro di Keith Johnstone *Impro*, che avevamo usato al Royal Court Theatre dove lui lavorava. Nonostante il mio scetticismo nei confronti dell'idea di far subire ad altri le tue improvvisazioni, a meno che tu non sia Keith Jarrett, questo peana della spontaneità mi entusiasmava tanto che l'ho riletto. Devo ammettere di avere un debole per i libri che contengono istruzioni.

Freud era sempre stato un moralista. Sforzandoci troppo di essere obbedienti o buoni, diventiamo masochisti, perché la moralità nella sua forma più pura, kantiana, è patologica e ci chiede troppo. In *Gioco e realtà* (1971), Winnicott affronta la questione del bambino a cui viene chiesto di abbandonare la spontaneità per la disciplina, e il prezzo da pagare per quella rinuncia. Pubblicato nel 1979, il testo di Johnstone, *Impro*, con il suo tono un po' hippy, è una guida perfetta per imparare a non fare la cosa giusta, a essere spensierati, indecenti – e in generale più folli. Johnstone definisce saggiamente l'istruzione una "attività anti-trance", e suggerisce che se ti dimentichi le buone maniere e ti lasci influenzare meno dalle regole possono succedere cose sorprendenti. Potrebbero persino emergere parole vere, perché dobbiamo ricordare che il linguaggio non è qualcosa che si può provare e riprovare; è sempre un'improvvisazione, e più tende a divagare meglio è.

Eppure, dimenticare quello che si è imparato è un'arte rischiosa. Se l'arte è una sorta di pazzia sotto controllo, la mancanza di controllo e il conseguente piacere possono portarti ovunque. Ma come puoi essere sicuro di volerci andare, soprattutto con altre persone? Il piacere è un'energia, e quando ti rendi conto che è una forza creativa – o anzi *la* forza creativa per antonomasia – forse cominci ad andare da qualche parte. La musica pop ha sempre seguito questo credo.

Era passato un po' di tempo prima che mi accorgessi che una serie di relazioni a cui ero indifferente non erano sperimentali. Non erano nemmeno relazioni. Stavo restringendo le mie vedute, o forse addirittura era un modo di mortificarmi. E dopo aver studiato Jarrett, mi ero reso conto che alcuni artisti – in particolare musicisti, come Prince, a cui pensavo quando ho iniziato il mio secondo romanzo, *The Black Album* – non hanno mai smesso di produrre.

Ma la questione non era nemmeno il fatto di diventare più produttivo, perché cominciavo a capire che anche se essere un artista sembrava rappresentare la vita ideale – segui la tua immaginazione e verrai pagato, se non addirittura lodato – non poteva mai essere sufficiente. Il talento può diventare un ostacolo, e fare arte un modo per ritirarsi in un bunker dove ci si sente al sicuro. Mi chiedevo se Jarrett non avesse commesso questo errore con il suo lavoro, e se avesse imparato da quella lezione.

La vita ti porta a confrontarti con un'altra persona, e se sei fortunato puoi giocarci, fare e aspettarti richieste. Ma affrontare gli altri direttamente nella loro realtà, con i loro piaceri strani, se non assurdi – e cosa vogliono, se vogliono qualcosa? – potrebbe essere troppo. Il razzismo, la misoginia e tutte le forme di diseguaglianza hanno lo scopo di modificare questo impatto sminuendo l'altro fin dall'inizio. Ma ti si presentano già selezionati, quindi sai cosa sono. Lo status è una forma di protezione e l'uguaglianza l'orrore da evitare. Se parlare è una performance, questa forma di improvvisazione è un tentativo di scoprire tutto ciò che non si conosce di se stessi e degli altri. E l'ignoto è dove, come sapevano bene i due Keith, ci si può davvero divertire.

IL DIAVOLO DENTRO

Seduta alla scrivania, una scrittrice vorrebbe mettersi le mani sulle orecchie, come un bambino che viene sgridato. Ha la testa piena di voci aggressive che la rimproverano: perché è lì, a cosa le serve e cosa ci guadagna, è il tipo di persona che ha il permesso di fare una cosa del genere? Le grida, lo sa, vengono da lei e, al contempo, anche se sembra strano, non vengono da lei. In ogni caso non riesce a concentrarsi, né a godere del suo lavoro. Si interrompe tanto spesso che finisce per abbattersi, perché ha fallito già prima di cominciare. Immaginiamo che questo sgradevole rituale si ripeta ogni volta che si mette al lavoro, come il prezzo da pagare per cominciare a scrivere. Qualcuno si riconosce?

Di tutte le domande che vengono fatte a uno scrittore, la più bizzarra e costante riguarda quello che gli altri possono pensare del suo lavoro. Questi altri, lettori che potenzialmente potrebbero disapprovare, sono il coniuge o anche la famiglia, i colleghi, la comunità o i vicini. Non importa esattamente chi sono, eppure la loro opinione è cruciale per gli artisti alle prime armi. Appena si mettono a lavorare, nella loro testa parte un coro vociante di censura e dissenso, se non di odio vero e proprio. La scrittrice comincia a preoccuparsi per l'effetto che le sue parole possono avere, diventa ansiosa, repressa, si blocca. Prova una sorta di fobia per gli incipit e inizia a odiare il proprio lavoro e certamente anche se stessa.

In verità, quando qualcuno si mette a scrivere, non ha nessuna idea di quello che dirà o di cosa la gente penserà. È un'esplorazione. Se la scrittrice ha un certa integrità, farà sempre del suo meglio e al termine del lavoro scoprirà se gli altri sono indifferenti, entusiasti o qualcos'altro. Ma il presupposto della scrittrice ansiosa condannata a questa sventura è che abbia già provocato o ferito qualcuno. Non solo: questi "vicini" si vendicheranno. Ci saranno sensi di colpa e tremendi conflitti, quindi perché darsi da fare? Perché mettersi nei pasticci?

Questa complicata trafila contiene un'idea degna di nota. È utile ricordare che le parole sono pericolose e i bravi scrittori non devono mai dimenticare che sono dei performer, che non lavorano solo per se stessi ma per irretire il lettore con la loro magia.

Ma come iniziare? Che fare di quei "vicini" vocianti? Perché sono presenti? Cosa fanno in questo incubo interiore?

Da un certo punto di vista, il concetto di preoccuparsi per gli altri potrebbe essere definito coscienza, ma una descrizione più efficace dovrebbe includere il concetto di Super-io, un'idea che Freud sviluppò dopo la prima guerra mondiale, collegandola all'odio, alla depressione, al masochismo e a ciò che chiamò l'istinto di morte. La coscienza implica premura, se non creanza. Manca la dimensione diabolica, forse sadica, che ha l'idea del Super-io, in cui il cosiddetto bene diventa un ostacolo all'esplorazione. Quindi non è che la scrittrice abbia commesso un crimine nell'esprimersi, ma piuttosto è che in ogni caso è già colpevole di qualcosa, e lo sarà sempre.

In fondo la questione della possibilità di esprimersi non è di carattere morale, non è relativa alla possibilità di ferire gli altri. Riguarda il fare del male a se stessi, l'enigma dell'autopersecuzione e il timore delle proprie parole, della propria immaginazione. La scrittrice potrebbe essere una voyeur che ama esibirsi. Anche questo è il significato di presentare qualcosa a un pubblico: il desiderio di farsi conoscere, di abitare un'identità, di raccontare storie, desiderio che può essere accompagnato da una certa necessaria spudoratezza.

Eppure ci chiediamo di continuo, secondo la dura logica del Super-io, se siamo più mostruosi di quanto potremmo sopportare. Crediamo che se fossimo buoni non avremmo pensieri aggressivi o violenti, dimenticando che la mostruosità è utile nell'arte che, per essere efficace, va spinta all'estremo, fino a far tremare il pubblico.

L'arte emerge da quella che Nietzsche chiamava "anarchia interiore", mai dal cosiddetto decoro, e questa anarchia è uno strumento formidabile, un metodo per generare pensieri che non sapevi di avere. Sei più originale di quello che avevi mai immaginato.

Ovviamente è fondamentale una capacità critica di giudizio, o forse una certa spietatezza. Qualsiasi artista deve essere in grado di guardare al proprio lavoro con occhio lucido, imparziale, e analizzarlo per eliminare questo o quello, e conservare il buono.

Ma la feroce attività del Super-io che Freud notava non è parte di questa interessante fase del lavoro e nemmeno della battaglia che ogni artista ingaggia con il proprio materiale, con il proprio soggetto. Non ha niente a che vedere con il meccanismo dell'arte, è al di fuori di tutto questo, ed è lì a strangolare il lavoro prima che abbia inizio, ripetendo alla scrittrice che deve produrre opere geniali, che non può fare errori, che non può fallire e nemmeno avere successo. È puramente distruttiva.

Ma perché vivere con dentro questa macchina per uccidere? Secondo Freud, uno dei più affascinanti e irrisolvibili enigmi dell'essere umano era il suo lato autodistruttivo, il masochismo e il sadismo. Per questo definiva l'istinto di morte "misterioso". E per coglierlo basta ascoltarsi.

Le orecchie non hanno palpebre. Non sono solo i pazzi a sentire le voci. Chi non è posseduto? Il Super-io non è soltanto un'oscura funzione psichica, somiglia piuttosto a una voce involontaria che ci comanda e sottende sempre una minaccia – se affermi o pensi una certa cosa particolare verrai punito. E le punizioni immaginate sono sempre terrificanti.

Tutti noi abbiamo trascorso la giovinezza sotto il comando di qualcun altro, una serie di adulti che garantivano per la nostra sicurezza. Non bisogna mai dimenticare il profondo terrore che tutti i bambini provano: le origini di questa perenne minaccia sono i nostri genitori e le altre autorità, a cui si va ad aggiungere la furia che proviamo nei confronti dei loro ordini, soprattutto perché immaginiamo che segretamente si divertano a torturarci e a maltrattarci.

Questo rapporto ricorda il duo creditore/debitore, paradigma della nostra epoca. Accumulare un debito che non può essere ripagato è una caratteristica del Super-io ma, come il fascismo, per funzionare deve promettere un appagamento. Si è attratti dal fallimento perché al Super-io è sempre attribuita una valenza sessuale: è come vivere in una relazione perversa con se stessi, dove il piacere, come ultima risorsa, nasce dalla sofferenza.

Quest'ordine sociale interno è una zona limitata in cui vige qualcosa di simile alla *sharia* e dove l'imprevedibilità o il gesto ribelle di parlare o scrivere liberamente vengono sempre puniti. È dura essere vittima della propria ferocia. Come i genitori, il Super-io sembra fornire una forma di protezione, un confine, un limite a quella che potrebbe essere vissuta come una spirale di infinito piacere. Ma questa promessa di stabilità non è particolarmente utile all'artista adulto che deve lavorare con l'incertezza e fare strada a tutto ciò che è nuovo. È come vagare in una foresta da soli, con una torcia. Se sai quello che stai facendo probabilmente non è arte.

Il Super-io è sempre affaccendato, lavora dove e come può. Non si occupa solo di proibire ma, come un Giano bifronte, è anche un diavolo tentatore, che ci spinge ad andare oltre, a godere il più possibile, e al contempo ci dice che non possiamo mai avere abbastanza piacere. Come il capitalismo, vuole che consumiamo continuamente e rimaniamo insoddisfatti. L'eccesso non è mai abbastanza eccessivo. Da qualunque parte ci guardi e qualunque cosa dica, siamo destinati a fallire.

Liberarsi dalla schiavitù che ci imponiamo, dai continui rimproveri, non può essere una conquista permanente, ma si possono fare parecchie cose positive: superare le paure, mettere da parte i sensi di colpa e di persecuzione, e scacciare fantasmi immaginari, almeno per un po'. Se si ha un po' di intimità con se stessi è possibile individuare questi molestatori e sfidarli. Gli insulti non sono la verità e una resistenza intelligente può reprimere il piacere dell'autopersecuzione, che dà sempre una certa dipendenza.

Il risultato sarà una buona comunicazione tra istinto e giudizio. È qui che ci si realizza, non nella disciplina, ma nel divertimento, nella passione e nel desiderio – l'arte fatta nel piacere, come dono per gli altri.

LEGGIMI NEL PENSIERO

Di recente mi ha molto sorpreso leggere che le tre occupazioni più desiderabili in Gran Bretagna sono scrittore, bibliotecario e accademico, cioè tre lavori che ruotano intorno ai libri e alla scrittura. Eppure scrivere è una cosa così antiquata... Quindi la gente scrive ancora? E addirittura legge? Davvero si prende ancora la briga di leggere?

Anche se molti di noi volevano fare il calciatore o il pilota, la maggior parte – o almeno chi ha superato i quarant'anni – può dire di essere stata cambiata dalla lettura. I libri rappresentano e modificano il modo in cui pensiamo, soprattutto quando siamo adolescenti, perché è con le storie che ci prepariamo al futuro, veniamo strappati ai genitori e al mondo ristretto dell'infanzia per entrare in contatto con altre idee su come stare al mondo. È come incontrare un nuovo amore e perdere l'equilibrio mentre il futuro ti si apre davanti.

Per almeno una generazione abbiamo inseguito il denaro senza riuscire a produrre significato, vivendo in un mondo materialistico con un'idea limitata di come possiamo vivere, di cosa noi esseri umani possiamo fare. Al giorno d'oggi offriamo ai nostri figli ben poco in termini di possibilità creative.

Ipercompetitiva, spietata, frenetica, la nostra è un'epoca cinica e alienata in cui qualsiasi cambiamento essenziale sembra impossibile. Ci turba vedere dei giovani diventare idealisti o rivoluzionari, ma in effetti non è poi una cosa così assurda voler creare una nuova società. I nostri ideali – diventare ricchi e potenti, e non essere mai considerati dei falliti – sono fuori portata per la maggior parte delle persone, e più che rappresentare modelli utili generano un tormento perenne, perché creano un paradiso di indulgenza in cui tutti sono insoddisfatti.

Una delle mie allieve alla scuola di scrittura si è trovata in difficoltà perché voleva scrivere di "gente buona, positiva", persone politicamente impegnate che si ribellavano all'avidità generale. Non era un'idea stupida ma i suoi personaggi virtuosi, perfetti, erano poco convincenti, anzi, annoiavano persino lei anche se non sapeva perché. Certo, è strano, ma il pubblico ama gente come Iago, Hannibal Lecter, Romeo, Homer Simpson, Portnoy e Hedda Gabler, ammira donne dalla lingua affilata come Dorothy Parker o Mae West, scrittrici come Sylvia Plath e Jean Rhys, stelle del cinema come Bette Davis e Jack Nicholson. Sono popolari perché il pubblico può identificarsi con la loro trasgressione e nel piacere che ne traggono.

Non è che sotto sotto disprezziamo i buoni o vogliamo davvero essere dei mostri, no, ma assaporiamo la gratificazione che assapora chi infrange le regole. Gli assassini, i criminali, persino gli smidollati e i dongiovanni ci divertono nella letteratura, nel teatro e nel cinema, perché ne ammiriamo lo spirito ribelle, la grinta. E quando i personaggi si perdono nel loro desiderio da soddisfare – e considerando che tutti noi possiamo essere sopraffatti e disturbati dal piacere – è in quel momento che si rivelano per davvero.

Ci identifichiamo con la loro moralità alternativa mentre superano limiti a cui noi non oseremmo mai avvicinarci. Questi personaggi non sono mai indecisi, se ne fregano, sono più liberi di noi. Di solito vengono anche puniti, il che ci rasserena perché così il mondo sembra ritornare a un certo equilibrio, dimostrandoci che non siamo in una spirale eterna e infernale di godimento selvaggio.

La versione contemporanea del capitalismo frenetico ci ordina di consumare continuamente: mangia bene, non ingrassare, vai in palestra, vestiti sempre come una star del cinema, fai gran sesso. Eppure, alla fine, questo piacere è irraggiungibile perché, come l'anoressica, siamo sempre destinati a fallire. Gli ideali della nostra società – fama, potere, ricchezza – sono necessariamente al di fuori della nostra portata. Lungi dal vivere in un paradiso di indulgenza, siamo relegati a una sala d'attesa di privazioni e rinvii, mentre anche i politici corrotti, i fanatici religiosi e persino gli immigrati si divertono, apparentemente, più di noi. C'è più di tutto ma siamo meno appagati.

Nel frattempo la schiavitù continua a diffondersi. Molti sono schiavi di qualcun altro; in Occidente la maggior parte di noi è schiava di una parte di sé più crudele, feroce, che cerca di dominare il nostro io più curioso. Questa parte è politicizzata, perché nel mondo del lavoro si è costretti a presentare una versione di sé sicura, autonoma, che si è adattata, se non sottomessa, all'ordine sociale. Bisogna accettare il sacrificio, il controllo: per avere successo devi diventare un burattino del sistema. Vale anche per i ricchi, che devono sottostare al sistema e non riescono mai a raggiungere la stabilità che sperano di ottenere con i soldi. Anche loro sono schiavi del debito. Nell'attesa di essere al sicuro, la loro insicurezza aumenterà e non smetteranno mai di sospettare che i pigri poveri li stiano derubando.

Non sorprende che tanti si siano rivolti alla mindfulness o alla meditazione, per sopportare attività ripetitive e inutili a mente lucida. La meditazione può essere utile per chi soffre di ansia, ma non c'è dialogo, limite o trasformazione morale nell'atto di stare seduti da soli.

Il mestiere di scrivere è un compromesso importante tra lavoro e piacere, tra politica e azione, tra autoanalisi e comunicazione. In quanto artisti, siamo autorità piuttosto che schiavi, e usiamo la creatività per ripensare noi stessi. Il pubblico si identifica con gli artisti credendo che siano meno soggetti alla definizione di persona offerta dalla società. Sembrano più liberi perché sono meno rispettosi del sistema – ma è facile sembrare dei pazzi quando le regole impongono troppe limitazioni e ogni atto radicale sembra eccentrico.

È scrivendo – lottando con la difficoltà di far corrispondere le parole all'esperienza, di trovare nuove parole per vecchie ferite – che impariamo a parlare la nostra lingua piuttosto che quella della nostra cultura, dei nostri genitori o dei nostri pari. Il fallimento e il gioco sono il punto di partenza della creatività – l'immaginazione si accende e la verità è sempre una sorpresa.

Come tutti, l'artista deve entrare in un mercato per guadagnarsi da vivere. Diventare scrittori è una garanzia per ridurre il proprio reddito, se non rinunciarvi del tutto. Ma per quanto il mondo capitalista sia accelerato, e qualunque sia il futuro della digitalizzazione, fare arte è ancora possibile in uno spazio intimo e fuori dal tempo. Per scrivere qualcosa oggi ci vuole lo stesso tempo di cento anni fa. Quando sei seduto da solo tra i tuoi fantasmi e aspetti di sentire cosa ti dicono, le difficoltà, le domande e il piacere sono gli stessi. Essere un artista è in parte plasmare se stessi mentre si disfano i miti che ci hanno ingannato. E questa è senza dubbio un'occupazione desiderabile.

IL BACIO DELLA MUSA

Nel cassetto della scrivania che uso da decenni c'è un taccuino avvolto in carta marrone su cui avevo iniziato a scrivere a dieci anni, nel 1964, e che nel 1974 era pieno. Contiene l'elenco dettagliato, anno per anno, di tutti i libri che leggevo – per la stragrande maggioranza presi in prestito da varie biblioteche di quartiere, dove andavo ogni pomeriggio dopo la scuola nella periferia sud di Londra. Oggi l'ho guardato per la prima volta dopo anni, cercando di ricordarmi perché tenevo quel diario dei libri. Penso che tutto fosse iniziato per la medaglia alla lettura degli scout, e poi perché non sopportavo di vedere pagine bianche in un taccuino.

Mio figlio, il maggiore, era stupefatto quando gliel'ho fatto vedere, e l'ha sfogliato a lungo. "A undici anni hai letto ottantasei libri in un anno!" Proprio così. Avevo cominciato con Biggles, Enid Blyton, Arthur Ransome e le autobiografie di giocatori di calcio e di cricket. In mezzo avevo letto Nevil Shute, Nicholas Monsarrat, Len Deighton ed Erskine Caldwell, scrittori finiti tutti nel dimenticatoio ormai, o quasi, come succederà a molti di noi. Ma ho notato con sollievo che nel 1974 avevo dato il meglio, con Proust, Dostoevskij e Nietzsche.

Ero felice di aver fatto colpo su mio figlio, che aveva poi concluso: "Ma immagino che non ci fosse altro da fare la sera."

In effetti, aveva ragione. Eppure dall'interminabile noia zombi unita all'inquietudine perenne di Bromley – un paesino di pendolari tra la città e la campagna del Kent – erano scaturite molte cose anche se sembrava che non succedesse niente. Molto di tutto questo era confluito nel mio primo romanzo, *Il Budda delle periferie*, che, nonostante la realtà fosse davvero dura ero riuscito a trasformare in una commedia sull'esperienza multirazziale nell'Inghilterra del punk.

Pensavo di non essere tagliato per un lavoro regolare come gli altri abitanti del quartiere. I miei amici più interessanti si vestivano come Jimi Hendrix e facevano musica. Ma per me erano le parole l'ancora di salvezza. Una mattina a scuola, guardando fuori dalla finestra, mi venne in mente che potevo fare lo scrittore. Guadagnarsi da vivere come artista doveva essere una favola! Improvvisamente mi sembrò che il mondo si aprisse. Per la prima volta avevo un'identità e un futuro, stavo andando da qualche parte.

Gli scrittori sono prima di tutto lettori, e io leggevo da cima a fondo i due giornali che ci arrivavano a casa, il *Guardian* e il *Daily Express*. E quando da ragazzino consegnavo i quotidiani, prima di iniziare mi sedevo sul marciapiede a leggerli, alle sei di mattina. Mentre mangiavo, mi ritrovavo a leggere persino le etichette del ketchup, e nei fine settimana mio padre mi trascinava spesso in giro per le librerie di seconda mano di Charing Cross Road, un'abitudine che ho ereditato e alla quale non riesco ancora a rinunciare. Sfogliando il taccuino con l'elenco dei libri mi sono reso conto che i miei interessi di allora – letteratura, politica, sport, filosofia e, soprattutto, la passione di un essere umano per un altro – sono rimasti invariati.

Le esperienze sono sempre eccessive quando si è giovani, ma c'erano scrittori che sapevano come metterle a fuoco e persino renderle attraenti. Era proprio quello che volevo fare. Cercavo qualcosa che si potesse chiamare ispirazione, perché le parole nascono da altre parole, e gli scrittori nascono da altri scrittori. L'ispirazione è fondamentale, e se sei fortunato la Musa si degnerà di darti un bacio un giorno, spingendoti a correre alla tua scrivania e a rimanerci, mescolando quello che hai letto con la realtà per dare vita a una nuova storia da offrire al mondo.

LEI DICE, LUI DICE

Era tardo pomeriggio e Sushila stava passeggiando nel parco quando vide Mateo e il suo assistente seduti su una panchina. Da vicino, notò che Mateo era trasandato nel suo completo nero, anzi era ubriaco fradicio, il che era insolito a quell'ora del giorno. Appena lo salutò, baciandolo su entrambe le guance, Mateo le chiese se voleva andare a letto con lui. Perché non erano ancora finiti a letto insieme? continuò. Avrebbero potuto farlo subito, a casa sua, se aveva tempo. La trovava davvero sexy ma non aveva mai avuto il coraggio di dirglielo.

Si conoscevano da almeno diciotto anni, ma non le aveva mai parlato così. Era sorpresa e cercò di sembrare divertita. Mateo le era sempre piaciuto. Intelligente, spiritoso, lavorava con suo marito, Len. Sua moglie Marcie era una vecchia amica ormai. Erano andati al mare insieme.

Il mattino dopo rivide Mateo, al supermercato. Sobrio, solo, era andato dritto da lei e le aveva ripetuto praticamente le stesse parole, aggiungendo che stava con Len da molto tempo ormai e di sicuro era annoiata. Alle donne piace la varietà e lui poteva offrirgliene un po'. Dovevano farlo, anche solo per una volta; non c'era bisogno di dire altro.

Sushila mantenne la calma e disse a Mateo che non sarebbe mai andata a letto con lui, poteva scordarselo. Se questa era la sua idea di seduzione, non si sarebbe meravigliata se fosse stato ancora vergine.

Chiamò subito Len e gli raccontò cosa le aveva detto Mateo in entrambe le occasioni. Len era pallido e agitato quando arrivò a casa. Chiese a Sushila se stava bene, poi mandò un messaggio a Mateo dicendogli che voleva vederlo. Mateo rispose. Era fuori città ma sperava che Len avesse qualche altra opera da mostrargli. Poteva portargli qualcosa entro fine settimana? Len disegnava così bene ultimamente che i suoi lavori avevano raggiunto nuove vette.

***

Mateo era sorpreso quando Len arrivò a mani vuote. Non aveva i disegni nuovi? Erano passati quattro giorni, e Len era più tranquillo. Aveva discusso la questione con Sushila e poteva riportare con calma quello che aveva sentito sul suo comportamento, prima da ubriaco al parco e poi da sobrio al supermercato.

Mateo si scusò e gli chiese di perdonarlo, ma Len rispose che non era pronto. Il punto non era perdonare, e nemmeno dimenticare. Non capiva perché si fosse comportato così, pensava di conoscerlo. Mateo disse che non ne aveva idea neanche lui, ma che sarebbe stato meglio lasciarsi tutto alle spalle. Len gli chiese come mai avesse ripetuto a Sushila quelle frasi da sobrio; era abbastanza intelligente da evitare. Mateo temeva che Sushila non si sentisse desiderata, altrimenti.

Len ringraziò Mateo per quella premura. Dopo il loro incontro camminò a lungo nel parco, incapace di togliersi quella conversazione dalla mente. Il veleno si diffonde nel silenzio, pensò, e quella situazione lo opprimeva sempre di più, finché non gli venne un'idea. Ne avrebbe discusso con la moglie di Mateo, Marcie. Erano ancora sposati ma non stavano più insieme, vivevano in case vicine, come amici. Marcie era stata gravemente malata di recente, ma Len era curioso di sapere cosa ne pensava, se trovava i tentativi di seduzione del marito disgustosi, folli o qualcos'altro. Forse stava per avere un esaurimento nervoso, per esempio. Oppure era solo un imbecille e Len non se n'era accorto?

E così Len andò a trovare Marcie, che era ancora a letto, in convalescenza. Sapendo che si era stufata delle buffonate di Mateo con altre donne quando erano insieme, pensò di non sbagliare a riferirle quello che Mateo aveva detto a Sushila. Marcie conosceva Mateo, sarebbe stata obiettiva.

Dopo averle raccontato la storia, aggiunse che Sushila gli aveva anche rivelato una cosa importante di cui non era al corrente, che nessuno gli aveva detto. Negli ultimi due anni Mateo aveva abbordato altre donne che conosceva con gli stessi modi brutali. Susan, per esempio, aveva raccontato a Sushila della sua esperienza con Mateo, e Zora anche. Forse c'erano anche altri casi. Marcie ne sapeva qualcosa?

Len voleva sottolineare che, come Marcie sapeva bene, Sushila era gentile, premurosa e di certo non isterica. Non sarebbe stato da lei ingigantire quello scambio nel parco e poi al supermercato, ma era mortificata da quegli incontri. Cosa ne pensava lei?

Marcie ascoltò senza dire niente, né mosse la testa per indicare sì o no. Il suo autocontrollo era notevole. Di solito, la gente si mette a balbettare quando si trova ad affrontare un vuoto o il silenzio in una conversazione. Non Marcie. Quando alla fine Len suggerì che Mateo andasse in terapia per trovare la fonte della sua infelicità – all'epoca era la panacea accettata da tutti per aggiustare qualsiasi malefatta – Marcie disse che Mateo era in terapia da *vent'anni*. Evidentemente queste cose richiedono tempo, disse Len. Può essere, mormorò Marcie.

***

Quando Len tornò a casa e disse a Sushila che era andato a trovare Marcie lei si arrabbiò. Non era certo il suo portavoce, perché non gliel'aveva chiesto prima? Era successo a lei, non era una storia sua. Cosa gli era passato per la testa?

Len disse che non c'era stato nulla di leggero o di seduttivo nell'approccio di Mateo, da quanto aveva capito. Mateo aveva offeso anche lui come essere umano; era suo diritto prendersela e cercare una spiegazione, se non la vendetta. Non capitava spesso, si disse, di sperimentare una crudeltà volontariamente inflitta. E da un amico! La sua opinione su Mateo – uno dei suoi più vecchi amici, sempre pronto a dare buoni consigli – era cambiata per sempre. L'offesa era generale, non apparteneva a nessuno e poteva ripetersi. Era un pericolo per le donne. Len si sarebbe detestato se non avesse detto qualcosa.

Sushila disse a Len che stava diventando ossessivo, che era solo un brutto periodo per Mateo. Le donne devono sopportare questo tipo di cose da sempre. Non che non fosse toccata o impressionata dalla preoccupazione di Len, ma non pensava che Mateo l'avrebbe fatto di nuovo; era mortificato dal proprio comportamento, che era palesemente autodistruttivo, e il suo rammarico era sincero. Len disse che le cose autodistruttive erano quelle che piacevano di più alla gente. Sushila era d'accordo, e aggiunse che Mateo le ricordava un giocatore d'azzardo che continua a rischiare. Lei stessa amava l'arrampicata, e a volte rischiava grosso. Ma Marcie avrebbe parlato con Mateo, era l'unica che poteva comunicare con lui. In futuro Mateo si sarebbe trattenuto, anche solo per il bene di Marcie.

Len ne dubitava, e non capiva come Marcie potesse sopportare quell'imbarazzo. Ma Sushila disse che Marcie era malata e avrebbe dovuto scusarsi con lei per essersi intromesso in quel modo. Era pronto a farlo?

Prima che lui potesse cominciare a pensarci, Sushila era già andata oltre. Voleva parlare francamente ora. Len poteva essere un po' convenzionale, a volte troppo serio, nelle sue idee sull'amore. Davvero? chiese lui. In che senso? Be', Marcie non aveva più rapporti e a quanto pareva Mateo era un molestatore seriale. Eppure potevano essere la coppia modello contemporanea. Nonostante tutto erano compagni autentici, con un legame indissolubile che lui, Len, non riusciva a comprendere. Nessuno aveva amato Marcie come Mateo, e Marcie gli era molto devota. Anche se ogni tanto faceva qualche pazzia, cosa che capita a tutti, lei era al suo fianco. E questo andava rispettato.

L'idea di una passione senza passione era ridicola, secondo Len. Non aveva senso e forse era il motivo per cui Mateo era frustrato. Aggredire verbalmente le donne lo faceva sentire potente.

Sushila non era d'accordo. Ma riguardo a Marcie voleva aggiungere che spesso amiamo gli altri per le loro debolezze. E se potessimo fare in modo che i pazzi non siano pazzi, be', chi vorrebbe vivere in questo noioso mondo burocratico?

***

Si erano stancati di discuterne, non c'era niente da aggiungere, e l'argomento sembrava essere stato dimenticato, quando, una settimana dopo, arrivò un invito. Il compleanno di Mateo era la settimana seguente ed erano invitati alla festa. Sushila andò in città e passò il pomeriggio a cercare un regalo. Aveva chiesto subito a Len di promettere di non dire nulla. Una festa non era il momento né il luogo adatto. Len giurò di non parlarne, aggiungendo che avrebbe tenuto un po' il broncio e le distanze, in modo che gli amici sapessero che l'incidente era stato elaborato ma non lo feriva più.

Una volta arrivati alla festa, Mateo, o un uomo che gli somigliava, si avvicinò subito a Len. Barba rasata, capelli corti, forse tinti. Prima che Len potesse scoprire se si trattava di un travestimento, Mateo gli mise un braccio intorno alle spalle e gli bisbigliò all'orecchio. Voleva parlargli, laggiù, in fondo alla stanza. Poteva seguirlo, per favore?

Len aveva raccontato la storia a tante persone, disse Mateo, lo sapevano persino nel suo ufficio e adesso si stavano diffondendo voci esagerate. Ma Len non aveva accolto le sue scuse e accettato di chiudere la questione? Vuoi pugnalarmi al cuore e far piangere mia moglie tutta la notte? disse Mateo. È successo, lo sai? Era a pezzi dopo che sei andato a casa sua e l'hai costretta ad ascoltarti. E il mio assistente, che era lì, ha visto cosa è successo nel parco. Ammette che è stato imbarazzante, ma niente di più.

Len lo spinse via. Non starmi addosso, sibilò. Che cazzo dici. Sei davvero un selvaggio. E Susan, Zora e tutte le altre donne?

La seduzione è una questione complicata di questi tempi, lo sanno tutti, disse Mateo. In quest'epoca impossibile i rituali di corteggiamento vanno modificati. Nel caos, chi cerca l'amore fa passi falsi, ci sono sempre dei malintesi, il buio prima della luce, la rabbia può affiorare sempre. Ma è fondamentale che le persone cerchino di avvicinarsi, anche solo per qualche ora, che non rinuncino mai al bisogno di contatto. Altrimenti rischiamo di diventare una società di estranei, dove nessuno si incontra, si tocca. Non succederebbe mai nulla. E chi vuole una cosa del genere? Certo, nella loro cerchia di amici tutti sapevano che Len aveva problemi di inibizione. Se ci fosse stata un'opportunità, lui l'avrebbe persa di sicuro. Non aveva sognato più volte di essere andato in aeroporto e che tutti gli aerei erano già partiti? L'aveva raccontato lui stesso davanti a tutti, durante una cena memorabile. Era un perdente nato.

Len disse a Sushila che doveva uscire a prendere un po' d'aria, ma una volta fuori non voleva più rientrare. Gli sembrava di non riconoscere più nulla. Il mondo era stupido e non c'era modo di evitarlo. Cominciò ad allontanarsi velocemente, ma sapeva che, per quanto lontano fosse andato, avrebbe dovuto tornare lì, se fosse riuscito a ritrovarlo.

SENTIRETE LA NOSTRA VOCE

Il recente scandalo di fronte alla scelta saggia e coraggiosa di Penguin di "riflettere la diversità della società britannica" nelle sue politiche di assunzione e nella linea editoriale sembra aver risvegliato i soliti miopi sospetti, con l'immancabile corredo di paure. Persone convinte che ciò che viene definito "diversità" o "discriminazione positiva" porterà inevitabilmente a indebolire la nostra cultura. La loro stupidità e i patetici piagnucolii sarebbero divertenti se non fossero così tragici per la Gran Bretagna. Si potrebbe anche definire una forma di disprezzo verso se stessi; è certamente antipatriottico e ingeneroso.

Le industrie in cui lavoro praticamente da sempre – cinema, televisione, teatro, editoria – sono state più o meno dominate da uomini bianchi usciti da Oxford o Cambridge, e in gran parte è ancora così. Questi uomini e i loro lacchè sono stati i beneficiari di una discriminazione positiva, a dir poco, per secoli. Il mondo è sempre stato nelle loro mani, e ora credono di possederlo.

Alcuni di noi sono stati abbastanza fortunati da riuscire a farsi strada in questo labirinto e guadagnarsi da vivere come artisti. È stato un viaggio difficile e spesso umiliante, credetemi, punteggiato di condiscendenza e insulti, in cui mi imbatto anche oggi.

Ci si aspetta che dimostriamo di essere grati, anche se chi è al potere – e non ha mai dovuto lottare per qualcosa – è sempre stato fortunato. E questi fortunati, con il loro privilegio innato, la ricchezza e il potere, così abbondanti che non li vedono nemmeno, cominciano a intuire che la loro epoca è finita. Prima, con il loro senso di superiorità e quell'altezzosa arroganza, riuscivano a intimidire chiunque, ora non più.

Fare l'artista non è mai stato facile, tra il razzismo, i pregiudizi e i preconcetti, visibili e invisibili. Ricordo di essermi trovato in una stanza con Salman Rushdie all'inizio degli anni novanta, poco dopo la pubblicazione del *Budda delle periferie*, a chiederci come mai eravamo le uniche persone di colore; anzi, le uniche persone di colore in gran parte delle stanze in editoria ed era così in tutte le industrie culturali. Il primo produttore televisivo che ho conosciuto in vita mia mi ha chiesto perché i miei personaggi dovevano essere asiatici. "Lo produrremmo, se fossero bianchi," mi disse.

Non stupisce che in questa fase della Brexit, con la sua prospettiva xenofoba, maldestra e limitata, la classe dominante e i suoi guardiani vogliano ridurci al silenzio, perché temono una moltitudine di voci democratiche provenienti da ogni dove. Non vedono l'ora di dirci che non meritiamo nemmeno di essere ascoltati.

Ma dovrebbero ricordarsi di una cosa: se anche hanno provato a mettere un muro davanti all'Europa, ai profughi e alle persone di colore, non riusciranno a chiudere la porta all'innovazione britannica. Siamo molto insistenti e rumorosi e abbiamo talento da vendere.

Quando sono stato invitato a far parte della scuderia di Faber nel 1984, l'editor della collana era Robert McCrum. Era eccitato e anche io lo ero: non vedevo l'ora di far parte della sua scuderia, visto che pubblicava Kazuo Ishiguro, Milan Kundera, Josef Škvorecký, Peter Carey, Mario Vargas Llosa, Caryl Phillips, Paul Auster, Lorrie Moore, Danilo Kiš, Marilynne Robinson e Vikram Seth. Poco tempo prima Salman Rushdie aveva vinto il Booker Prize per *I figli della mezzanotte*, e quel capolavoro, con echi di Günter Grass e Gabriel García Márquez, sembrava all'improvviso una grande opportunità. Il mondo ci veniva incontro: quello che era stato un luogo sterile e ristretto si stava finalmente aprendo. Quel tipo di libri aveva successo e i lettori volevano leggerli.

Ma non è un gesto che si può fare una sola volta. Dev'essere ripetuto e ripetuto e ripetuto. La cultura di questo paese – che poi è l'unico motivo per viverci – ha sempre prosperato sulla ribellione, la contraddizione e l'anticonformismo. Dal pop al punk, da Vivienne Westwood a Damien Hirst, Zadie Smith e Kate Tempest; da Alexander McQueen al premio Oscar Steve McQueen, sono state le voci dei giovani e degli emarginati a far sì che la nostra cultura fosse viva, ammirata. Non c'è altro paese in Europa con un capitale culturale paragonabile a Londra, e nessun luogo più eccitante per viverci se sei un artista. È qui che arte e commercio si incontrano. Le opere dei suoi artisti vendono in tutto il mondo.

La creatività britannica in cui sono cresciuto – nel pop, nella moda, nella poesia, nelle arti visive e nella narrativa – è quasi sempre emersa dai club, dalle sottoculture, dalla classe operaia e dalla strada, non certo dal mainstream. Molti degli artefici potevano anche essere bianchi, ma non provenivano dalla classe media, una fascia sociale priva, nella mia esperienza, dell'immaginazione, del coraggio e del talento per essere veramente sovversiva.

La verità è che la paura dei conservatori non è tanto quella che gli artisti al di fuori del mainstream siano privi di talento e riempiano gallerie e librerie di spazzatura, ma che si rivelino fuori del comune e brillanti. I conservatori dovranno accettare il fatto che, nonostante il successo degli artisti britannici, il vero talento è stato trascurato e scoraggiato da chi detta legge nella cultura, perché le scuole, i media, le università e il mondo intellettuale hanno chiuso le porte alle persone più interessanti.

Finalmente la razza padrona comincia ad aver paura di chi potrebbe parlare. In questo terribile momento della Brexit, con il suo ritrarsi nel panico e nel nazionalismo – e la stessa cosa sta accadendo in tutta Europa – è arrivato il momento per tutti gli artisti, e in particolare le voci che sono state zittite, di dire quello che pensiamo.

Nessuno sa come sarebbe una cultura più democratica e inclusiva, ed è stupido supporre che sarebbe peggiore di quella che abbiamo già. Il tentativo dei reazionari di zittire la gente è indice sia di paura sia di stupidità. Ma è troppo tardi, sentirete la nostra voce.

UN UOMO CARISMATICO

Gli artisti hanno bisogno di solitudine per fare le loro cose, ma non solo. Fintanto che sono all'opera, si convincono di vivere fuori dal mercato, in uno spazio intimo, in un sogno. Invece devono coinvolgere il pubblico, andare per la loro strada e guadagnarsi da vivere. Hanno bisogno di coetanei, sostenitori e collaboratori, persone che capiscono il loro lavoro, e istituzioni e reti che li portino nel mondo – teatri, produttori, editori e case editrici.

Matthew Evans, ex amministratore delegato e presidente di Faber & Faber, lo sapeva bene: suo padre era uno scrittore. E in casa editrice Matthew forniva ai suoi autori sostegno e stabilità. Ma di natura era ribelle, un anarchico, e noi lo adoravamo perché il suo terrore della noia, della routine e del perbenismo, unito alla voglia di combinare guai, ci ricordava quello che avremmo dovuto fare, soprattutto negli anni ottanta e inizio novanta, cioè il culmine del governo Thatcher per ignoranza, filisteismo, capacità distruttiva. Una volta, anni dopo, gli avevo detto: "Ho appena parlato con un tizio secondo il quale le biblioteche sono irrilevanti nella nuova era digitale" e lui mi aveva risposto: "Gli hai dato un pugno?"

Nel film di Jane Campion *Un angelo alla mia tavola*, Janet Frame, impersonata dall'adorabile Kerry Fox, dice che vivendo in Nuova Zelanda, il suo massimo sogno era essere pubblicata da Faber & Faber. Nel 2004, durante i festeggiamenti per il settantacinquesimo anniversario, Seamus Heaney aveva detto a Andrew O'Hagan che essere pubblicati da Faber era come "ricevere una chiamata da Dio".

Fin dagli anni trenta, Faber & Faber, dove Matthew era stato assunto nel 1964, era stata il gioiello nella corona dell'editoria britannica, un po' come il Manchester United e la Jaguar. Ma verso gli anni settanta, pur pubblicando gente come Beckett, Pound, Auden ed Eliot, stava diventando un po' ingessata.

Proprio come negli anni cinquanta e sessanta ciò che dava un significato e uno scopo al Royal Court Theatre era il talento di chi scriveva le sceneggiature, Matthew capì che Faber & Faber non doveva basarsi sulla finanza, il marketing e nemmeno il profitto. Per lui i poeti, i drammaturghi e i romanzieri erano al centro della vita nazionale, più importanti degli attori, dei politici o degli amministratori. Il genio di Heaney, Pinter, Hughes, Plath, Larkin, Kundera, P.D. James, Derek Walcott, Golding, Peter Carey, Škvorecký, Vargas Llosa e molti altri, necessitava di un'atmosfera che non intimidisse e che andava in fin dei conti creata intorno a loro.

Matthew era un uomo carismatico, che poteva comandare senza essere prepotente, ed era spietato ma non crudele. Aveva fascino, classe, stile. Spensierato e virtuoso, sapeva come comportarsi con tutti. Adorava i ristoranti, l'alcol, i pettegolezzi, le macchine veloci, la buona conversazione, la politica e le sconcezze. Era bello, lunatico, dissoluto, portava vestiti e scarpe di classe, e con adorabile ingenuità era sempre pronto ad aprire la giacca per farti vedere l'etichetta. Giocava a cricket ed era sexy come una star del cinema ma con un lato timido, e aveva un gran fisico, cosa che non si sente dire spesso di un editore. Negli uffici e in tutta Londra la gente era innamorata di lui e voleva andarci a letto, anche se qualcuno era rimasto deluso.

Detestava sopra ogni cosa annoiarsi e, se capitava, quello era il momento in cui iniziava a combinare guai. E detestava leggere, ma se passavi a salutarlo in ufficio, soprattutto se aveva appena finito un pranzo faticoso all'Ivy o al Worsley, dove faceva gran parte dei suoi affari, potevi trovarlo con i piedi sulla scrivania a bere whisky e guardare le foto sull'ultimo numero di *Hello!*. Una volta, quando gli chiesi perché non si prendeva la briga di leggere nemmeno uno dei miei libri visto che era il mio editore, mi rispose con una logica infallibile: "Tanto per cominciare, è proprio quello che quel bastardo fannullone di McCrum [il direttore editoriale] è pagato per fare quando non è imbambolato davanti alla televisione a guardare il cricket. In secondo luogo, se leggo il tuo poi dovrei leggere tutti i maledetti libri di tutti gli altri, e dove andremmo a finire?"

Negli anni ottanta e all'inizio dei novanta, le cene e le feste alla Faber erano scatenate, gli invitati bellissimi e brillanti e ti sembrava di essere in un racconto di Scott Fitzgerald. I poeti, in particolare, copulavano dove capitava e vomitavano ovunque; la gente si tirava sberle e crollava a terra; un tizio aveva ficcato la testa di Melvyn Bragg nel gabinetto perché non gli era piaciuto uno spettacolo. Sul tardi, tutti andavano al Groucho, di cui Matthew era uno dei membri fondatori.

Matthew era amato dagli uomini migliori, come Seamus Heaney e Ted Hughes, e dalle donne più adorabili, come Caroline Michel, e se ti voleva bene sarebbe stato leale per sempre. Potevi contare su di lui in ogni momento, e se avevi bisogno, rimaneva seduto vicino a te per ore, senza necessariamente farti delle confidenze; a volte non diceva una parola.

Era troppo intelligente per prendere le cose sul serio, ma si sceglieva i suoi nemici e insultava solo le persone che valeva la pena insultare. Quando era presidente del Royal Court Theatre, e io nel consiglio di amministrazione, si scontrò con il direttore artistico Max Stafford-Clark, macho e intransigente quanto lui, chiedendogli senza giri di parole perché i suoi spettacoli non fossero né d'informazione né divertenti. John Osborne scriveva a Matthew le cartoline più offensive che avesse mai ricevuto, che spesso iniziavano con *Caro Stronzo*, e Matthew una volta mi chiese: "Quel maledetto noioso di Harold Pinter è davvero un bravo scrittore?" "Temo di sì," gli risposi.

Negli ultimi tempi, e si diceva che fosse ormai demente, mi piaceva sussurrargli all'orecchio i nomi dei suoi nemici più odiati e informarlo che presto sarebbero arrivati per leggergli brani dalle loro ultime opere. Anche allora i suoi occhi furbi si riempivano di orrore mentre si agitava nel letto.

Invecchiando ti rendi conto che le persone favolosamente ribelli sono davvero poche. Il mondo era più divertente quando c'era lui.

Due anni fa l'avevo incontrato mentre passeggiavo sulla spiaggia di Copacabana con mio figlio. Aveva un sacchetto di plastica intorno al braccio. Quando gli chiesi cos'era successo, mi rispose che si era fatto un tatuaggio. "Non è mai troppo tardi per tornare all'adolescenza," disse.

STARMAN JONES

Uno dei consigli migliori che David Bowie mi abbia mai dato – uno dei primi, visto che parliamo degli anni novanta – fu quello di non dimenticare mai di prendere nota dei nomi di segretarie e assistenti che mi capitava di conoscere. Mi sarebbe stato di grande aiuto più tardi, quando avrei avuto bisogno di arrivare a chi contava davvero.

Il fascino, come scrisse Camus nella *Caduta*, è quella cosa per cui ti rispondono sì senza che tu abbia fatto alcuna domanda precisa. E il maggiore Tom, o il capitano Tom, come Frank Zappa insisteva a chiamarlo quando Bowie tentò di soffiargli il chitarrista, aveva già sfoderato il suo fascino per arrivare alle persone importanti, nonché alle assistenti, alle segretarie e alle migliaia di altre donne con cui andò a letto, a volte in trio o nelle orge di Oakley Street a Chelsea, dove abitava con Angie Barnett in quella che allora si definiva "una relazione aperta", un termine che ora fa quasi tenerezza.

Il padre di Bowie, che se ne intendeva parecchio di musica e fu uno dei primi a incoraggiarlo – forse si può definire il suo primo fan – gestiva le pubbliche relazioni della Dr Barnardo's Home For Children. In un certo senso, Bowie era un PR nato, perché aveva capito subito che l'immagine è tutto. Fin da ragazzino aveva imparato a farsi adorare da uomini e donne ma verso i vent'anni si era orientato verso i primi e aveva intrecciato una relazione con Lindsay Kemp, ballerino e coreografo, e con il compositore Lionel Bart, tra gli altri. L'esuberante Kemp, intervistato da Dylan Jones, editor di *GQ*, in *David Bowie: A Life* afferma che Bowie "andava a letto praticamente con tutti", anche con il costumista di Kemp, che ci soffrì tanto da tentare il suicidio: aveva pedalato fino a immergersi nel mare di Whitehaven, ricreando simultaneamente una scena ispirata ai *400 colpi* e a *Ladri di biciclette*.

Secondo Mary Finnigan, la proprietaria dell'appartamento dove Bowie viveva a Beckenham e l'ennesima spasimante delusa – scrisse un libro delizioso, *Psychedelic Suburbia*, sul suo rapporto con la rockstar, dopo che lui se n'era andato di casa e aveva rotto con una donna dal nome meraviglioso, Hermione Farthingale –, Bart era passato a prenderlo nei sobborghi di South London con la sua Rolls Royce ed era scomparso con lui sul sedile posteriore per tutto il pomeriggio.

Bowie era un ammiratore di Joe Orton e del suo stile provocatorio e ribelle. Tutti e due avevano qualcosa dell'Artful Dodger dickensiano; a Bowie certamente non dispiaceva scopare in giro quando si trattava di farsi strada, e in effetti aveva molto da offrire. Fascinoso e femminile, occhi di due colori diversi, collo da cigno, pelle di porcellana, bei fianchi e un pene delizioso, era perfetto. Credo che la descrizione più poetica sia stata quella del suo primo manager Ken Pitt, che scrisse in *Bowie: The Pitt Report:* "Il suo grosso pene oscillava come un orologio a pendolo." Bowie lo lasciò dopo il successo di *Space Oddity*. I fan saranno felici di sapere che il suo membro è citato spesso da appassionati e biografi, tanto che forse alcuni lo associano a un disegno di Aubrey Beardsley, un uomo sottile sottile con un fallo gigantesco.

Bowie aveva frequentato la mia stessa scuola, la Bromley Technical High School di Keston, ma dieci anni prima. Era un posto orrendo, va detto: bullismo, violenza, professori incompetenti, quando non depravati. A quell'epoca, per i figli della classe operaia e della piccola borghesia, l'istruzione non era considerata fondamentale, anzi, nemmeno necessaria. L'idea era che diventassimo degli statali, come l'eponimo eroe di *Kipps* di H.G. Wells che, partito povero, diventa ricco grazie alla sua capacità di migliorarsi. Era una storia che studiavamo a scuola, dato che Wells era l'unico artista locale famoso a parte Richmal Crompton, autore della serie di libri intitolata *Just William*. I ragazzi più creativi, o quelli che sapevano disegnare, studiavano pubblicità, strada che Bowie intraprese dopo la scuola, quando iniziò a lavorare a una campagna per un biscotto dietetico chiamato Ayds.

L'unico adulto rispettabile alla Bromley Tech era Owen, il padre del chitarrista Peter Frampton, che ci lasciava usare l'aula d'arte all'ora di pranzo per pasticciare con le chitarre. Non ci aveva nascosto di detestare la voce di Steve Marriott. Suo figlio era appena entrato negli Humble Pie.

È istruttivo ricordare quanto poco ci si aspettasse da noi e come ci trattassero con superiorità. Mi ricordo di un amico, un parvenu della Londra bene, che, entrando a casa nostra a Bromley, aveva detto, facendo inorridire mia madre: "Ma che bella casetta che avete!" Il pop britannico è sempre stato prodotto dal ceto medio-basso ed è uscito dalle scuole d'arte più che dalle università, da cui proviene invece tutto il resto della cultura, teatro, cinema, narrativa. La musica pop era da sempre la più esuberante: gli appassionati erano ribelli, arrabbiati, inquieti e in fatto di classe e educazione erano animati da una specie di rancore. Il disagio sociale è sempre stato fondamentale per il pop: ironia della sorte, dei ragazzini cresciuti in casette senza riscaldamento, abituati a mangiare carne in scatola per cena, all'improvviso abitavano in ville pazzesche per aver scritto una canzone di successo.

Nonostante gli sforzi di Lindsay Kemp, Bowie era terribile come mimo ma bravissimo a imitare le voci dei suoi contemporanei – Mick Jagger, Bryan Ferry – scompisciandosi dalle risate. Questo dettaglio della voce è interessante: come succede a molti, l'accento di Bowie variava notevolmente e non si è mai definito. L'accento noto come *mockney*, degli abitanti di South London come Bowie e Jagger prima che adottassero quello americano, era necessario e al tempo stesso naturale per ragazzi cresciuti tra i *cockney* che si erano trasferiti in periferia dopo che l'East End era stata bombardato durante la guerra. Quell'accento, che ancora oggi riaffiora quando sono di cattivo umore, era utile per integrarsi, per evitare di prenderle a scuola o in strada, dato che i ragazzi di quella zona detestavano tutti quelli che non parlavano come loro e che, Dio ce ne scampi, mostravano interesse per qualsiasi cosa fosse vagamente artistica. La comunità aveva parecchie ambizioni, ma era decisamente orientata verso il basso quando si trattava di cultura. Non ti veniva certo voglia di farti vedere vestito da donna.

Per fortuna, l'educazione scolastica di Bowie non interferì con la sua formazione. Tutti sanno della sua curiosità infinita, della capacità di migliorarsi e di un'intelligenza particolarmente sfaccettata. Dopo aver letto *Starman Jones*, il romanzo di fantascienza di Robert Heinlein pubblicato nel 1953, e aver tratto ispirazione da film, poesie e molti altri artisti che ammirava, costruì se stesso e le sue numerose identità attingendo a una vasta gamma di fonti. Come il suo ovvio precursore Oscar Wilde scrive nel *Ritratto di Dorian Gray*, "l'uomo era un essere composto di una miriade di vite e miriadi di sensazioni, una complessa e multiforme creatura".[1]

Bowie era più Don Giovanni che Dorian Gray, più sogno di una donna che narcisista. Tutti sanno che si era inventato un personaggio, ma molte cose in lui sono rimaste invariate nel tempo. A differenza di Iggy Pop o Lou Reed o del suo schizofrenico fratello maggiore, Terry, era entusiasta di natura e non era mai stato veramente nichilista o addirittura depresso. Come molti di noi, aveva paura di impazzire, ma evidentemente non gli era mai successo, nonostante i suoi sforzi. Era impossibile metterlo in imbarazzo, sapeva essere gioviale e compagnone in quel modo maschile tutto inglese. Adorava le battute e la TV: Larry Grayson, Peter Sellers, Dudley Moore e Peter Cooke e *The Office*.

Bowie non sprecava mai niente. Perfino nella sua fase di autodistruzione più acuta produsse alcuni dei suoi lavori migliori riuscendo, come i Beatles, in qualcosa di incredibilmente difficile, cioè essere al tempo stesso sperimentale e popolare. Mi raccontò che più di una volta la cocaina era quasi riuscita a ucciderlo e che una volta i suoi amici lo avevano immerso in un bagno caldo per mantenere attiva la circolazione. Eppure era sempre concentrato, sempre serio quando c'era in ballo la carriera. Era al contempo ultraterreno ed estremamente pragmatico. Quando aveva un nuovo album, era noto per la terribile abitudine di fartelo ascoltare, seduto davanti a te in

---

[1] O. Wilde, *Il ritratto di Dorian Gray*, trad. it. di R. Calzini, Milano, Mondadori, 1982. (*N.d.T.*)

kimono con carta e penna, pronto a prendere nota, e sembrava davvero convinto di poter imparare qualcosa dai tuoi commenti.

Conobbi Bowie grazie a un amico comune e gli chiesi se potevamo usare le sue canzoni per la colonna sonora dell'adattamento per la BBC del *Budda delle periferie*. Lui accettò e disse che aveva anche qualche idea per delle musiche originali. Mentre le componeva gli dissi che in alcuni punti certi pezzi erano troppo lenti o troppo veloci, non ricordo bene: lui tornò di corsa nella sua casa vicino a Montreux, in Svizzera, e trascorse la notte a riscrivere tutto. Non aveva mai composto una colonna sonora e avrebbe voluto farlo per *L'uomo che cadde sulla Terra*, ma era troppo stanco dopo le riprese.

Nel suo *Bowie: A Life* David Jones usa un collage, un metodo dialogico per raccogliere le voci di tutti quelli che lavoravano con Bowie o lo conoscevano, ordinandole in modo cronologico. È un piacere sentire i commenti di tutti: amori, manager, musicisti, giornalisti, la ragazza di Croydon Kate Moss, e i personaggi del mondo musicale come Carlos Alomar, Earl Slick, Mike Garson e Tony Visconti. E poi i pettegolezzi in stile *Spinal Tap:*[2] di quella volta che Jimmy Page versò della birra sul cuscino di seta di Bowie dando la colpa ad Ava Cherry; di quella in cui Paul McCartney, evidentemente invidioso, lo invitò a casa sua ma poi non riusciva a parlargli, e alla fine fu Linda a farlo. O di quando Bowie e John Lennon, in vacanza a Hong Kong, volevano a tutti i costi assaggiare il cervello di scimmia. O di quando, durante le pause degli spettacoli, Bowie si sedeva nel camerino a guardare *Coronation Street* in VHS.

---

[2] Film parodia sulla storia della rock band britannica fittizia Spinal Tap, un modo di deridere i documentari realizzati con band come Led Zeppelin e The Rolling Stones. (*N.d.T.*)

Ma ancora più importante, da padre più o meno single, aveva allevato in modo impeccabile il figlio, il regista Duncan Jones, ed è divertente immaginarlo discutere con Lennon su come essere un buon padre. Bowie diceva sempre che Keith Richards era meno pazzo di quanto volesse far credere – tra l'altro, era un campione di Trivial Pursuit – ma la stessa cosa valeva per lui.

Alcune di queste storie su Bowie sono familiari come i racconti della vita di Gesù, ma la cosa che colpisce dell'utile metodo biografico di Jones sono i racconti di chi a quell'epoca era giovanissimo, come Nick Rhodes, Neil Tennant, Siouxsie Sioux e Dave Stewart, che un giorno videro Bowie nei panni di Ziggy a *Top of the Pops* ed ebbero un'epifania sulla propria vita, e sul genere di musica che avrebbero fatto. Bowie era affascinante per chiunque volesse andarsene da Bromley o posti simili – cioè la maggior parte della Gran Bretagna degli anni settanta. La sua canzone per bambini "Kooks" è meravigliosamente liberatoria con il suo "let the children boogie", "lasciate ballare i bambini".

Bowie e Iman vennero a trovarci con dei regali quando nacquero i miei gemelli Sachin e Carlo. Quella notte Paul McKenna, che era di casa, cercò di ipnotizzare Bowie per farlo smettere di fumare; ovviamente lui non voleva né essere ipnotizzato né smettere di fumare, ma stava al gioco per accontentare Paul. Ricordo che più tardi, sui gradini di casa mia, mi pregò di andare a comprargli delle sigarette. "Perché non ci andiamo insieme?" dissi io. "Ma io non posso andare da nessuna parte," mi rispose, indicando il quartiere di Shepherd's Bush.

Essere venerati per tutta la vita non è necessariamente divertente come si pensa, e nei sui ultimi anni a New York, Bowie preferiva la serenità ai vizi. Sembrava avere riscoperto le gioie della vita ordinaria, di essere un buon padre e un marito affettuoso. Certo, uno come lui non poteva rinunciare al suo ruolo di artista e infatti, a differenza di molte pop star, si nota un processo di evoluzione anche nei suoi ultimi album. E per quanto, inevitabilmente, questa storia abbia un epilogo triste – Bowie non sembrava proprio il tipo che può morire – è bello sapere che cosa ha rappresentato per tante persone.

Mandava sempre un biglietto di auguri per i compleanni – di solito fatto da lui. Era il nostro *starman* e lo sapeva. Lo faceva per noi: era sempre pronto a impersonare l'eroe che volevamo, una vera star, non un musicista in jeans e maglietta con i capelli sporchi, ma una bellezza gloriosa come Jean Harlow, Marlon Brando o Joan Crawford, uno che viveva tutto al massimo, che non era mai annoiato né banale. E in qualunque parte del mondo, chiunque abbia amato il pop e ballato in camera da letto, ha ascoltato Bowie e continuerà a farlo.

L'OROLOGIO DI SUO PADRE

In *Quand j'étais vieux* (Quando ero vecchio), il meraviglioso diario che Georges Simenon tenne tra il 1960 e il 1962, pare per i suoi figli, in cui è spietatamente onesto e dimostra ancora una volta di essere un acuto osservatore di se stesso, lo scrittore ci racconta che quando il padre stava morendo aveva provato il bisogno impellente di andare con una "négresse". Evidentemente gli piaceva, visto che più avanti ebbe una storia con Josephine Baker. Ma in questa occasione il dettaglio degno di nota è che aveva pagato con l'orologio di suo padre, cosa che gli aveva procurato non pochi sensi di colpa, ci dice, ma non abbastanza da trattenerlo.

Simenon era un grande scrittore che usava una formula popolare, il poliziesco perlopiù, per parlare di temi importanti: furto, ricatto, omicidio, prostituzione, inganno, crudeltà. Il tradimento – e la necessità di tradire, in particolare – è un tema che gli era molto caro perché, come sottolineava, nessuno di noi è mai del tutto lontano dall'essere colpevole o vittima. La sicurezza non è un'opzione a questo mondo, tutti rischiamo di essere traditi o perdere il posto.

L'altro tema su cui Simenon rimane costante era il mercato, per cui sgobbava allegramente senza sosta e sfornava un libro dopo l'altro. Certo, c'erano anche gli adattamenti per il cinema, le serie TV, le traduzioni. Simenon non era un artista ingenuo. Stendhal aveva notato che il successo richiede una certa sfacciataggine, e Simenon, oltre a capire il mercato, aveva un talento per le pubbliche relazioni e conosceva le regole del capitalismo. Nel 1927, per 100.000 franchi, aveva accettato di scrivere un romanzo mentre rimaneva sospeso in una gabbia di vetro fuori dal Moulin Rouge per settantadue ore. I personaggi venivano decisi dal pubblico. L'evento poi non venne realizzato, ma Simenon era consapevole che bastava la leggenda. Al contempo, sapeva bene che si può rimanere intrappolati in una leggenda, e l'idea non gli piaceva affatto.

Simenon detestava le etichette e adorava la complessità, soprattutto quando riguardava se stesso. Voleva sfidare lo snobismo dell'epoca in materia di valori letterari. Ogni anno quando era il momento, sperava di vincere il Nobel o si aspettava una nomina. Eppure non scriveva per gli accademici, i critici o gli studenti. Scriveva libri usa e getta perfettamente strutturati per il pubblico, pur volendo diventare famoso come grande artista. In un modo o nell'altro era riuscito in entrambe le cose. Aveva sradicato i preconcetti tradizionali trasformando la pulp fiction in una forma d'arte; scriveva romanzi brevi e veloci che parlavano di gentaglia e potevano essere letti in poche ore, in una sala d'aspetto o durante un viaggio in treno.

Come Hemingway e Steinbeck, scrittori che ammirava, Simenon era tornato alla gente: scriveva storie di uomini comuni, per comuni cittadini. Nei suoi romanzi parla ben poco della vita interiore dei personaggi – di solito hanno una vita ordinaria e ripetitiva, e poi, all'improvviso, succede qualcosa di significativo che cambia le carte in tavola. Simenon leggeva e ammirava Freud, ma non aveva mai voluto fare lo psicologo come Stendhal, Flaubert o Proust. Dopo Joyce non c'erano molte strade da battere per gli scrittori letterari, ma Simenon aveva riportato la buona scrittura al racconto, che è poi il suo posto. Colette, per cui aveva lavorato brevemente come giornalista, lo aveva incoraggiato a eliminare ogni traccia di bellezza o di letteratura dalla sua scrittura. In un'intervista della *Paris Review* aveva dichiarato: "Scrivevo racconti per *Le Matin*, e all'epoca Colette era caporedattrice della sezione letteraria. Ricordo che le diedi due racconti e lei li rifiutò, ma ci riprovai varie volte. Alla fine mi disse: 'Guarda, sono troppo letterari, sempre troppo letterari.' Così alla fine le diedi retta."

Imparò a "uccidere le cose che ti piacciono di più", come diceva William Faulkner, uno scrittore che amava. Era un consiglio geniale e Simenon divenne minimalista, e imparò a mettere subito tutte le carte in tavola. Di conseguenza la sua opera ha un'energia implacabile, cristallina, è austera e fulminea al contempo.

Ci sono frasi perfette, come: "Fa freddo. Piove. Si scivola." Simenon, come P.G. Wodehouse, è ammirato da tutte le generazioni di scrittori come un maestro, perché pochi si sono rivelati così abili nel bilanciare struttura e trama, atmosfera e carattere. E i suoi noir, scritti in quello stile diretto e filmico, con la loro atmosfera notturna popolata da delinquenti ed emarginati, erano perfetti per i tempi di guerra che Simenon ha vissuto. E sono diventati perfetti per noi.

Simenon era nato a Liegi nel 1903. L'occupazione tedesca del Belgio fu probabilmente l'evento che più segnò la sua gioventù, quando imparò che chiunque poteva trovarsi costretto a imbrogliare, mentire, tradire o addirittura uccidere per sopravvivere. In questo periodo scrisse materiale antisemita per un giornale collaborazionista, ma non voleva fare il giornalista. Aveva la testa piena di persone che non lo lasciavano mai solo.

Nello stesso periodo in cui lavorava a *Quand j'étais vieux*, Simenon scrisse *Il treno*, un romanzo breve sul tema dell'occupazione, di una bellezza e semplicità squisite. Ambientato nei primi anni quaranta, è la storia di Marcel, un uomo comune, un tenero padre di famiglia che si guadagna da vivere riparando radio. Quando i nazisti invadono la Francia si trova costretto a lasciare la sua città con la moglie incinta e la figlia piccola. Intrappolati negli ingranaggi della storia, tutti possono svegliarsi un giorno e scoprire di essere dei rifugiati.

Nel caos della fuga viene separato dalla moglie e dalla figlia, e su un treno che porta i profughi attraverso il paese devastato dalla guerra conosce una donna. Non è una storia di desiderio sessuale, ma un amore appassionato, che cambia la mente se non la vita. Il punto non è che chiunque può fare del buon sesso con uno sconosciuto, ma che ci sono pericoli peggiori: ci si potrebbe innamorare. Ancora peggio, è impossibile sapere, finché non è forse troppo tardi, se hai scelto inconsciamente un partner che ti rovinerà. È una delle tentazioni più oscure, e resisterle è un'impresa.

Il treno suggerisce che in certe circostanze la guerra può strappare le persone dai loro ruoli, e di fatto Marcel non si è mai sentito così libero e vitale come durante la fuga. Fuori dal tempo e senza abitudini, il mondo recupera il suo sapore e ci si rende conto che è fantastico essere vivi. Simenon descrive con pochi tratti leggeri la donna, che rimane più o meno anonima per Marcel, come lui lo è per lei. Il non sapere è fondamentale, fa funzionare il rapporto. Conoscersi sarebbe antierotico, perché implicherebbe responsabilità, debiti e inibizioni.

Non c'è dubbio che, quando troverà la moglie, la figlia e il bambino appena nato, Marcel rimarrà con loro. Alla fine, la famiglia torna in patria, dove tutto nella loro piccola casa è intatto, e l'abitudine li avvolge nuovamente con il suo conforto. Ma il nuovo elemento nella vita di Marcel è che inizia in segreto a scrivere un resoconto della sua avventura per il figlio più piccolo, e la novella stessa diventa una specie di memoir, simile ai pensieri sul matrimonio e sulla vita domestica che Simenon stava scrivendo contemporaneamente nei suoi taccuini. Poiché la verità non può essere ancora espressa o integrata, va perlomeno conservata, scritta. Qualcuno, prima o poi, la ascolterà e la capirà. Ma non ora.

Il treno rappresenta perfettamente la perenne ambivalenza di Simenon a proposito di vita bohémien e vita borghese. Il tema di lasciare uno stile e calarsi in un altro ritorna spesso nella sua opera e i suoi personaggi spesso abbandonano la loro esistenza quotidiana per diventare assassini o serial killer. Simenon lo chiama "il momento della caduta". Eppure se grattiamo via la patina della civiltà, dove il sadismo è camuffato da moralità, sotto scopriamo un altro mondo hobbesiano di competizione e ferocia.

Ma i criminali hanno una libertà invidiabile. Le regole non contano per loro e temporaneamente sono al di là del bene e del male. In questa zona franca, sappiamo che alla fine non sopravviveranno. Ma siccome la civiltà è troppo limitante, gli impulsi aggressivi finiranno per rivolgersi verso l'interno. I personaggi di Simenon oscillano tra il desiderio di sopravvivere in un mondo mortificato ma civilizzato e le tentazioni della vita al di fuori di quel mondo. Desiderano entrambi e non riescono mai veramente a scegliere.

In realtà, il pericolo vero sta nella civilizzazione, e sebbene sia stato un uomo ricco, di successo e instancabile – e abbia vissuto in grandi case con abbondante servitù – Simenon ne era perfettamente consapevole. Pensava di fare il medico, ma credeva anche che avrebbe potuto diventare un "criminale", e nel suo diario confessò: "Ho fatto l'amore per strada, nei vicoli, quando l'arrivo inaspettato di un poliziotto avrebbe potuto cambiare il mio destino." Criminale o medico: in ogni caso, voleva studiare quello che chiamava "l'uomo" e che, come Freud, poteva capire solo attraverso le sue aberrazioni.

Come Picasso e gli amici Henry Miller e Charlie Chaplin, non era né del tutto borghese né un bohémien convinto, e non si sentiva inserito in nessun ambiente. Gli piacevano le donne, gli piaceva essere sposato, gli piaceva il sesso – una volta, mentre la moglie stava facendo i bagagli per una vacanza in famiglia, invitò quattro "professioniste" a fargli visita – e amava il pericolo e il rischio. Ogni libro era un rischio per lui, perché quando ne iniziavi uno nuovo non sapevi mai se avrebbe funzionato. Come molti scrittori, consegnare un libro lo gettava nella depressione, ed era allora che si metteva a vagare per i quartieri a luci rosse delle città in cui si trovava, rischiando di mettersi nei guai.

I treni compaiono in molte delle opere di Simenon, e si potrebbe dire che rappresentano una metafora convincente della regolarità e della compulsione della sua tabella di marcia, oltre che della portata della sua incredibile produttività. Simenon non ha mai voluto essere considerato un Don Giovanni, ma leggendo i resoconti delle sue imprese nei diari non ho potuto fare a meno di ricordare la famosa "Aria del Catalogo" del *Don Giovanni* di Mozart, dove il servitore Leporello spiega a Elvira la natura della classificazione delle donne del suo padrone, e il piacere di aggiungere un nuovo nome all'elenco. La lista stessa è naturalmente una forma particolare di intensità sessuale, del tipo che tanto piace agli uomini.

L'eccesso di libido, l'iperattività e gli elenchi – il numero di donne, di romanzi, di giorni impiegati per scriverli – sono presenti in tutta la sua vita. Non a caso, il padre faceva il contabile. Simenon ha passato la vita a contare oltre a fare tutto il resto, e chiunque scriva di lui è obbligato a partecipare al conteggio e alla contabilità, anche se chiaramente al lettore non importa niente se lo scrittore ci ha messo giorni o anni a finire un libro. (Interessante notare che ha prodotto circa quattrocento romanzi, di cui settantacinque erano Maigret. Gli è capitato di scrivere solo quattro romanzi all'anno, altri anni otto o anche dieci. Di rado non ne scriveva nessuno.) È come se Simenon si fosse convinto che se avesse smesso di contare, di scrivere o di fare sesso – creando quindi un vuoto – sarebbe accaduto qualcosa di catastrofico o, più probabilmente, di troppo desiderabile.

Freud definisce la libido "demoniaca". Spinta da una pressione costante, non riposa mai. Quando si trattava di sesso, sembra che Simenon fosse veloce ma efficiente. Descrisse i suoi incontri, migliaia di incontri, come "igienici", e preferiva le prostitute. "Una professionista mi dà spesso più piacere di chiunque altro. Solo perché non mi costringe a fingere."

Anche se fosse vero che a volte aveva bisogno di "due donne al giorno" e si sentiva "un cane in calore", in veste di scrittore recitava l'altra parte, quella del "professionista". Come Chaplin o Hitchcock, che erano altrettanto scaltri e capaci di produrre arte commerciale per il vasto pubblico, Simenon sapeva bene quello che faceva. Tutto quello che scriveva era drammatico. Era un seduttore navigato, maestro nel trattenere. È al tempo stesso un trucco e un'arte, il saper far aspettare l'altro, lasciarlo in attesa e desideroso di tornare. Da questo punto di vista un bravo scrittore sa suscitare nel lettore sia speranza che fascinazione, usando i vuoti – il non sapere – per intrappolarlo, giocando con la sua frustrazione ma senza esagerare. Questo tipo di scrittura può dapprima generare una certa tensione nel lettore e poi alleviarla, fornendogli ciò di cui ha bisogno. Una trama è una promessa mantenuta, e in questo Simenon sapeva bene come dare soddisfazioni. Funziona sempre e sempre funzionerà.

I suoi libri sembrano precisi come un orologio, e Maigret – sempre sensuale ma misurato e intelligente – avrebbe potuto guarire il mondo tante volte, ma nei *romans durs* non c'è una facile redenzione, sono troppo coinvolgenti e convincenti per essere freddi o meccanici. *Il treno* non è paragonabile a nessuno degli altri libri di Simenon, anzi, proprio a nessun romanzo. Non solo è uno dei suoi migliori, ma è una delle grandi novelle del ventesimo secolo.

LA VEDOVA

Avevo almeno ventun anni quando mio padre mi portò a casa della vedova la prima volta.

Certo, non morivo dalla voglia di uscire con mio padre, ma penso che volesse farmi una cortesia, presentarmi gente nuova, probabilmente perché me ne stavo quasi sempre chiuso in casa sua a scrivere sceneggiature e ad ascoltare gruppi tedeschi tipo Amon Düül.

Ovviamente mi ero immaginato che la vedova fosse una donna anziana. E Stella era senza dubbio più vecchia di me, doveva essere sulla quarantina.

Suo marito, che era stato collega di mio padre, era morto più o meno un anno prima. Professore universitario come mio padre, era diventato famoso per le sue posizioni controverse. Dopo aver scritto un libro sulla liberazione sessuale aveva sposato Stella, una bohémien ricca e bella che se l'era spassata negli anni sessanta. La madre di Stella era stata una pittrice e i figli sembravano stelle del cinema. Mentre noi ce ne stavamo a casa a Orpington a guardare *Lucy ed io*, loro vagavano tra l'Italia e la Francia, si abbronzavano a bordo piscina, scopavano tra amici, uscivano con musicisti e recitavano in film italiani.

Stella viveva in una bellissima casa piena di libri, dipinti e sculture a Holland Park, un parco dove, avevo scoperto con grande sorpresa, c'erano addirittura dei pavoni. Mio padre e io invece eravamo finiti a Shepherd's Bush, dall'altra parte della rotatoria, dopo che i miei genitori avevano venduto la casa di famiglia e si erano separati. Il quartiere era molto anni quaranta allora, con i suoi negozi di arredamento di seconda mano e i ristoranti vecchia maniera con uomini e donne anziani che mangiavano da soli, serviti da antiche cameriere in gonna nera. C'era persino un negozio che vendeva tortini di anguilla, ed è ancora aperto.

In quel periodo dormivo sul divano di papà perché avevo mollato, o forse ero stato mollato, dall'università. Mi sentivo invisibile, ed ero paralizzato dalla depressione.

Ma un pomeriggio papà e io eravamo andati a trovare quella donna, la vedova che si vestiva soltanto di nero e che si era persino tinta i capelli di "nero vedova". Non riuscivo a smettere di guardarla. Mi aveva lanciato un'occhiata con un sorriso da Gioconda, ma era troppo raffinata per guardarmi più di una volta. Ma prima che ce ne andassimo aveva detto a mio padre: "È un ragazzo interessante."

"Davvero?" avevo detto papà con aria sorpresa, indietreggiando di un passo per squadrarmi come se non mi avesse mai visto prima.

Il giorno dopo ero passato da lei ed eravamo diventati amanti.

Era soprattutto la sua bellezza ad attirarmi, ma sarei stato felice di rendermi utile e magari scacciare un po' della sua tristezza.

Il mio entusiasmo derivava forse anche dal fatto che mio padre aveva idealizzato gli anni sessanta. Mi ripeteva spesso quanto ero fortunato a essere nato dopo la "rivoluzione", come se prima ci fossero solo raid aerei e frutta in scatola. Ma a metà degli anni settanta quell'epoca era finita da un pezzo e Londra, come ci dicevano i Clash, era davvero cupa, anche se prendevi il sussidio di disoccupazione come me.

Pensavo che Stella potesse insegnarmi tante cose. E in effetti ascoltava sempre musica, ma solo la più triste. Mahler, la *Messa da Requiem* di Verdi, di continuo, e pianisti come Richter e Rubinstein, finché non conoscevo ogni singola nota. E stava a letto a leggere Baudelaire, Huysmans e Genet in francese, e Proust in inglese, perché a quanto pareva era migliorato dalla traduzione di Scott Moncrieff. Appena finiva un libro me lo lanciava. Per la prima volta nella mia vita non avevo potuto fare altro che leggere. Amava parlare dei personaggi – soprattutto Swann e Odette – come se li conoscessimo.

Oggi la mia idea di beatitudine è andare al bar all'angolo nel tardo pomeriggio, ordinare una bottiglia di vino e leggere. Posso finire un libro al giorno. Per leggere non c'è bisogno di una donna.

Ma all'epoca c'era qualcosa che mi piaceva e di cui avevo bisogno.

"Vieni a occuparti di me, tesoro," mi diceva Stella, facendo le fusa appena arrivavo.

Nella mia fantasia assomigliava a Charlotte Rampling – magra, altolocata e incredibilmente superiore, con tutte le lingue che parlava, il buon gusto e il saper stare al mondo.

Dopo che Bowie si era trasferito a Berlino, i miei amici e io, che cominciavamo a formare delle band, avevamo visto *Il portiere di notte*, *Cabaret* e *La caduta degli dei*. Mi piaceva in particolare qualsiasi film in cui recitasse Helmut Berger. Avevo persino visto più volte *Una romantica donna inglese*, roba da non credere.

Sembra improbabile al giorno d'oggi ma allora, se volevi della pornografia, ti rivolgevi all'arte. E per me il cinema era la forma artistica che meglio trattava la perversione. Al tempo credevo che solo i pervertiti si divertissero un sacco, e per gente come me voleva dire bordelli, uniformi, prigioni, *Venere in pelliccia* e capelli ossigenati.

E Stella, lo stavo scoprendo, era un'adorabile perplessità. Le sigarette e gli occhiali del marito erano sulla sua scrivania, la giacca sullo schienale della sedia, il nécessaire per la barba in bagno. C'erano fotografie di lui in ogni stanza.

Avevano viaggiato insieme, e lui aveva parlato a grandi folle di argomenti alla moda.

Ero incappato in un morto, ma ora lei stava con un ragazzo, cioè io. Era la mia ragazza.

"Ti piace il cunnilingus?" aveva detto il primo giorno.

Non è una domanda che si fa spesso. E trovo che sarebbe meglio per tutti sentirla con più frequenza.

"Mi piace il lingus, un sacco," mi aveva informato.

Avrei messo la faccia tra le sue gambe per molto tempo, un cucciolo innamorato e sempre pronto a lappare, mentre lei fumava sigarette rollate, sorseggiava whisky e cantava. "Quando fai così," diceva, "è come se mi suonassero una fuga di Bach su tutto il corpo."

Ero sempre felice della mia opera quotidiana di "linguista erotico", ma avevo passato la notte con lei solo un paio di volte. E mi era bastato, perché vagava per casa in kimono nero, singhiozzando e tirando pugni e sbattendo la testa contro i muri. Non avevo mai assistito a una cosa tanto straziante e non avevo idea di come consolarla.

Ma papà, che aveva cominciato a considerarmi un caso disperato e a casa mi chiamava l'"invalido", era sconvolto e infuriato all'idea che una donna come lei volesse scoparmi.

"Dio santo, figliolo," aveva detto vedendomi rientrare un mattino. "A che gioco stai giocando? Avevo in mente di arrivarci io, ma pensavo di lasciar passare un po' di tempo per decenza."

"Sei stato un po' lento, no?"

"Ma una donna così è impossibile da soddisfare, no?"

"A quanto pare io ci riesco, papà," risposi. "Mi ha dato una prima edizione di *Ultima uscita per Brooklyn*."

"La prendo al posto dell'affitto," disse.

Papà cominciò a fare pressioni perché andassi a vivere con Stella, in vista di un rapido matrimonio. Sembrava convinto che avrei potuto mettere le mani sulla sua fortuna, come aveva fatto il suo amico, il marito morto. Visto che non ne aveva, papà considerava il denaro molto più importante del sesso o dell'amore. Era anche sicuro che avrei infastidito quella gran dama a tal punto che nel giro di un paio d'anni mi avrebbe pagato per sloggiare.

Invece io ero sempre più disincantato. Lei aveva sedotto me, ma io non avevo sedotto lei. E anche se per la mia prestazione d'amore avevo imparato un movimento laterale, come quello che, a quanto pare, usavano i virtuosi della musica folk romeni, la mia lingua era gonfia e piena di bolle, sfinita e malconcia come la moquette di un pub. Nessuno capiva più quello che dicevo.

Mi lamentai con Stella, e una sera mi disse di vestirmi bene e mi portò a una prima al Covent Garden. Poi andammo a una festa dove mi presentò a un giovane uomo, della mia stessa età e altezza, che mi disse: "Ti vedi anche tu con Stella? "Sì," risposi. "Davvero?" "Sì," disse lui. "E anche lui." Indicò un altro ragazzo non molto alto.

Venne fuori che c'erano parecchi altri "fratelli di lingua". Probabilmente lavoravamo a turno. A volte andavo a trovarla nel pomeriggio e lei non apriva la porta. Ero seccato ma mi consolavo pensando che, come diceva l'altro ragazzo, avevo "la priorità"; ma quando mi chiese se "esercitavo" la mia lingua Stradivari, pensai che le cose fossero andate un po' troppo oltre.

Cominciavo a capire la sua decadenza – la letargia, l'incapacità di comprendere la vita degli altri. Non era solo il lutto, ma la posizione sociale.

Eppure grazie a lei avevo cominciato a capire qualcosa dell'appagamento, o reciprocità. E poi ero stregato da quella donna, amavo la sua bellezza e la sua storia, i racconti su sua madre e le notti a Soho con gli artisti. Ma lei non aveva alcun interesse per me, se non come comparsa in una scena perversa, ripetuta all'infinito, una fotografia piuttosto che un film.

Un pomeriggio, mentre lei stava dormendo dopo una sbornia, mi ero messo a scrivere una recensione al concerto degli Slashed Curtains per *Time Out*, per cui lavoravo ogni tanto.

Stella si svegliò e mi trovò seduto alla scrivania del marito, a battere sulla sua macchina da scrivere e scarabocchiare con una delle sue Montblanc, con l'inchiostro aperto. Stavo fumando una Gitane del defunto e canticchiando allegramente "So Long, Marianne" ascoltando un suo album.

Si mise a urlare: "Stavo sognando e pensavo che fosse lui! Che fosse tornato da me! Invece sei tu! Solo tu!"

In fondo era una pazza violenta, e cominciò a sferrare calci e pugni. Mi inseguì intorno al tavolo, su per il corridoio e fuori dalla porta d'ingresso. Riuscii a svignarmela con la faccia piena di lividi.

Papà, insaziabile come la vedova e più volgare, era compiaciuto quando mi disinfettò. "Grazie a Dio è successo a te e non a me," disse. E aggiunse che ero così stupido da non poter fare altro che il giornalista.

"Ecco cosa diventerò," ribattei. "E un giorno scriverò di quella povera donna, e del fatto che se i vivi sono una fatica, i morti possono essere una maledetta seccatura."

VIAGGIARE PER CAPIRE

Una sera io e il mio amico Stephen Frears avevamo fatto un giro in barca sul Bosforo con una decina di modelle, vari travestiti, qualcuno che indossava sempre una tuta da apicoltore, il fondatore di *Dazed and Confused* Jefferson Hack, Franca Sozzani, la direttrice di *Vogue* Italia, e altri modaioli. Eravamo nella capitale europea della cultura, ma sembrava una notte da favola del famoso club di Londra Kinky Gerlinky trasferita a Istanbul e sponsorizzata dal ministero della cultura turco.

Da un lato del ponte, in sedia a rotelle, c'era Gore Vidal, dall'altro V.S. Naipaul. Doveva essere giugno 2010 perché ricordo di aver visto il "goal fantasma" di Frank Lampard contro la Germania su uno schermo nella lobby dell'albergo poco prima di partire.

Mentre il drum and bass pompava in sottofondo e i palazzi ottomani sfilavano sotto i nostri occhi, noi materialisti depravati, teppisti senza Dio eravamo sempre più ubriachi, drogati e indisciplinati. Vidia, con il suo entourage, stava dalla sua parte di quella nave di pazzi e Vidal da un'altra. Avevamo ricevuto l'ordine di tenere separati i due vecchi guerrieri, e dubito che abbiano scambiato una sola parola nei quattro giorni di viaggio in Turchia. Vidal era accompagnato da due "nipoti", giovani robusti in canottiera e pantaloncini, che lo portavano dappertutto. Era infelice, tendenzialmente ubriaco, occasionalmente spiritoso, ma in generale cercava il litigio e snocciolava cattiverie.

Vidia, innamorato e finalmente allegro, sempre accompagnato dalla moglie, la magnifica Nadira, rimaneva curioso, attento e taciturno. Nonostante la sua presunta animosità nei confronti delle scrittrici, aveva parlato bene di Agatha Christie e di quanto fosse stata fortunata a non aver mai esaurito gli argomenti. Lui invece, venendo da un "posto piccolo", aveva dovuto mettersi in viaggio alla fine degli anni settanta per studiare il "risveglio islamico", come lo definiva. Aveva "viaggiato per capire".

Quasi trent'anni prima, avevo messo in valigia *Tra i credenti* di Naipaul e l'avevo usato come una specie di guida quando, all'inizio degli anni ottanta, ero andato per la prima volta in Pakistan, a trovare uno dei miei zii a Karachi. Volevo vedere la mia numerosa famiglia e dare un'occhiata al paese pieno di speranze in cui si era stabilito anche un altro zio, Omar, giornalista e commentatore di cricket. Come mio padre e la maggior parte dei suoi nove fratelli, Omar era nato in India, aveva studiato negli Stati Uniti con il suo compagno Zulfikar Bhutto, ed era infine planato in "quella stranezza geografica" che era il Pakistan nei primi anni cinquanta. Nel suo memoir *Home to Pakistan* scriveva: "C'era nel Pakistan di quell'epoca qualcosa dei Padri Pellegrini arrivati in America sulla *Mayflower*."

Di notte, in una stanzetta sul retro della casa di mio zio, mi rigiravo nel letto in preda all'insonnia, e mi sentivo un po' straniero. Nel tentativo di capire come definirmi, avevo cominciato a lavorare a quello che diventò poi *My Beautiful Laundrette*, e scrivevo su qualsiasi pezzo di carta riuscissi a trovare.

In Gran Bretagna eravamo preoccupati per Margaret Thatcher e la sua decostruzione dello stato sociale, di cui ero stato beneficiario. Volevo fare una specie di satira sulle sue idee, ma a Karachi nessuno pensava alla Thatcher, se non, avevo scoperto con enorme sgomento, come rappresentante della "libertà". I miei zii e la loro cerchia erano più preoccupati per la crescente islamizzazione del loro paese. Omar aveva scritto in *Home to Pakistan*: "C'è una parvenza di governo e c'è la realtà di dove si posiziona il vero potere. Avevo seri dubbi che saremmo diventati una società aperta e che la democrazia avrebbe messo radici."

Zulfikar Bhutto era stato impiccato nel 1979 e sua figlia Benazir era agli arresti domiciliari proprio in fondo alla nostra strada, al 70 di Clifton Road, una proprietà con un enorme muro di cinta e poliziotti a ogni angolo. Una cosa era certa: la mia famiglia, come il fondatore della nazione, Jinnah, aveva immaginato il Pakistan come una patria democratica per i musulmani, un rifugio per chi si sentiva in difficoltà in India, non come uno stato islamico o una dittatura religiosa.

Naipaul, che alla fine degli anni settanta viaggiò in Malesia, Indonesia, Iran e Pakistan, aveva capito presto che questa distinzione non funzionava più.

Mostrandosi incredibilmente privo di pregiudizi, e con un occhio da romanziere attento al paesaggio e ai singoli individui, per scrivere *Tra i credenti* Naipaul intervista tassisti, studenti, burocrati minori e persino un mullah. Scrive quello che dicono e perlopiù si tiene fuori dalla scena. Da adolescente mi ero appassionato a quello che era diventato noto come giornalismo personale, di scrittori vulcanici come Norman Mailer, Tom

Wolfe, Hunter S. Thompson, Joan Didion e James Baldwin, gente fantasiosa che includeva se stessa nella storia e che spesso, come Thompson, diventava la storia stessa.

In uno dei primi reportage sulla rivoluzione ideologica, Naipaul fece qualcosa di simile. Ma questo scrittore dell'inquietudine, che aveva perso quasi tutto, era molto più modesto. Partito da Chaguanas, Trinidad, "un paesino remoto e ininfluente", viaggia dappertutto, si guarda intorno e ascolta le persone – soprattutto uomini, ovviamente. Non intervista mai nessuno che sia intelligente quanto lui, ma è curioso in modo genuino, rigoroso nelle domande, e non si lascia impressionare facilmente. Accoglie uno degli intervistati nella sua camera d'albergo indossando un "pigiama Marks & Spencer in cotone winceyette", di cui va così orgoglioso da citarlo due volte.

Più o meno nello stesso periodo, Michel Foucault – che era più da cuoio che da winceyette – aveva fatto visita a Khomeini fuori Parigi ed era andato a Teheran due volte. Affascinato dalla scena gay di San Francisco, che in quel periodo si poteva definire a dir poco estrema, aveva scritto anche per il *Corriere della Sera* difendendo gli imam in nome della "rivoluzione spirituale". Quella rivolta, o guerra santa degli oppressi, sarebbe stata secondo lui un tipo di resistenza innovativa, un'alternativa al marxismo, che avrebbe creato una nuova società dalle macerie dei ruoli annientati dalla dominazione.

Nuova era nuova, ma come scoprì Naipaul, c'era ben poca spiritualità in questa corsa al potere degli ayatollah. Ben presto avevano cominciato a impiccare gli omosessuali alle gru e a costringere le donne a indossare il *chador*. In Pakistan ora le donne si coprivano per uscire – nessuna nella mia famiglia aveva indossato il velo prima. Una delle mie cugine venerava

Khomeini – "la voce di Dio" – come esempio di purezza e devozione altruista. Era tutto quello che un uomo buono doveva essere. Eppure, mi aveva preso da parte e implorato di aiutare i suoi figli a scappare in Occidente. Il Pakistan era impossibile per i giovani; chi poteva spediva soldi fuori dal paese e se possibile anche i propri figli, preferibilmente negli Stati Uniti, tanto odiati ma anche amati, e come seconda scelta in Canada. "Vogliamo lasciare il paese ma tutte le porte sono chiuse, non sappiamo come andarcene di qui," mi aveva scritto. "Il fondamentalismo non offriva nulla," scrive Naipaul; non aveva trovato molto da idealizzare.

I personaggi che affascinano Naipaul vogliono di più, ma non sanno bene cosa. Consapevoli della loro relativa deprivazione sono ingenui come il signor Biswas, pittore di insegne, nel capolavoro *Una casa per Mr. Biswas*. Biswas diventa giornalista e lavora a una storia intitolata "Fuga", ma è troppo intelligente per quello che lo circonda e alla fine scivola nell'isteria e rimugina all'infinito sulle sue ferite e sul suo vittimismo. Deve sottostare al potere del colonialismo, che lo umilierà sempre, e ha interiorizzato quel disprezzo. Ma una via d'uscita c'è: la convinzione che almeno i suoi figli avranno una vita migliore della sua.

Vidia Naipaul è forse Anand in quel romanzo, il ragazzino intelligente, quello che sarebbe fuggito a Oxford, avrebbe lavorato per la BBC e sarebbe diventato uno scrittore. Naipaul era riuscito in tutto questo, certo, ma aveva anche imparato che non si può sfuggire al passato. In *Tra i credenti*, viaggiando in luoghi simili a quelli da cui proveniva, incontra una serie di uomini ansiosi e feriti come suo padre, i cui figli si sarebbero rivolti a un nuovo machismo, un Islam politicizzato, "perché tutto il resto aveva fallito".

Tra questi figli c'era mio cugino Nasrut Nasrullah, che Naipaul aveva incontrato. Giornalista del *Morning Star* con una "voce calda e baffi da tricheco", Nasrut disse a Naipaul: "Dobbiamo creare una società islamica. Non possiamo svilupparci alla maniera occidentale. È questo che ci dicono."

All'epoca della rivoluzione iraniana Bob Dylan pubblicò un singolo, "You Gotta Serve Somebody", che parlava dell'impossibilità di non essere devoti a qualcuno o a qualcosa.

Allo stesso modo, cercando uno spazio al di fuori dell'ideologia dei colonizzatori, i soggetti di Naipaul non potevano che perpetrare ciò che avevano subito, ma con maggiore durezza. Quella che era iniziata come una forma indigena di resistenza, incoraggiata da alcuni intellettuali parigini, divenne presto una nuova schiavitù autoimposta, una sottomissione volontaria, ma questa volta con un elemento masochistico: la devozione alla morte proclamata da Osama bin Laden. Da qui l'impotenza e la disillusione che Naipaul aveva notato durante il suo viaggio. Se il colonizzatore era sempre stato convinto che il subalterno fosse incapace di pensiero indipendente o di democrazia, i nuovi musulmani lo confermavano con la loro sottomissione all'ayatollah. Una delle cose più strane di quella mia prima volta a Karachi fu sentir ripetere spesso che sarebbe stato meglio che gli inglesi fossero tornati a gestire il paese. Molte erano le cose che mancavano in Pakistan, ma la carenza di buone idee era la cosa peggiore.

Pochi mesi dopo il viaggio sul Bosforo, Naipaul fu invitato di nuovo in Turchia, per parlare al Parlamento europeo degli scrittori, un'idea di José Saramago. Ma questa volta fece scandalo e venne accusato di aver offeso l'Islam per aver dichiarato in un'intervista: "Per convertirti devi distruggere il tuo passato, distruggere la tua storia." Naipaul non è più tornato in Turchia, dove ormai ci sono più di trecento giornalisti e scrittori in prigione.

La rabbia legittima che si incattivisce, il desiderio di obbedienza e di uomini forti, il terrore degli altri, la promessa di potere, indipendenza e sovranità, la persecuzione delle minoranze e delle donne, il ritorno a una purezza immaginata: vedendo la realtà di quei primi anni in Pakistan, chi avrebbe pensato che questa idea si sarebbe diffusa così lontano, e non solo, che avrebbe continuato a diffondersi?

PERCHÉ DOVREMMO DARE RETTA A DIO?

Nei primi mesi del 1989 cominciarono a succedere cose davvero strane. Non capita spesso di vedere due poliziotti in ginocchio che cercano qualcosa sotto il tuo letto, ti frugano nel guardaroba e aprono la tenda della doccia per assicurarsi che non ci sia un terrorista pronto a saltare fuori e strangolare uno scrittore che nel frattempo era uscito a farsi un goccetto. Ma nel nord dell'Inghilterra dei pakistani barbuti si erano messi a comprare libri nei vari Waterstones per bruciarli perché un governo straniero aveva pronunciato una *fatwa* – qualunque cosa fosse – su uno scrittore, per un pezzo incandescente di prosa postmoderna che parlava di migrazione, declino della fede, soggettività multiple e il caos dell'accelerazione capitalista.

Come se non bastasse, con gli sbirri tra i piedi non potevi nemmeno fumarti una canna nel tuo soggiorno. Per fortuna Salman mi aveva assicurato che il poliziotto non mi avrebbe ammanettato visto che non aveva un senso dell'olfatto molto sviluppato. Tutto questo mentre si sbafava un piattone di lasagne fatte dalla mia ragazza.

Poi un mattino il parlamentare laburista per Leicester East, Keith Vaz, che conoscevo da poco – un uomo gentile, mi aveva presentato a sua madre nella House of Commons – mi aveva chiamato per dirmi che potevamo contare sul suo sostegno per Rushdie. Invece quella sera l'avevo intravisto in TV alla testa di una marcia contro il romanzo nella sua circoscrizione. Si sarebbe potuto dire che il realismo stava diventando davvero molto magico, ma con una sfumatura decisamente nera; e uno dei problemi con la realtà, come sottolineavano *I versi satanici*, era che veniva sempre invasa dall'irrealtà: il sonno e la veglia possono confluire l'uno nell'altra, e ciò che crediamo solido può sciogliersi in un attimo. E tra tutte le cose il romanzo, *un romanzo* – probabilmente la forma che più si presta all'esplorazione della complessità umana – era diventato il fulcro di una controversia mondiale.

Qualche giorno dopo ero seduto con Harold Pinter in un pub vicino a Downing Street e stavamo cercando di capire cosa dire alla Thatcher quando avremmo fatto un salto a trovarla con una dichiarazione sull'obbligo di proteggere i romanzieri dalle minacce dei governi stranieri. Con nostro grande sollievo la Thatcher non aveva voluto incontrarci, ma le va riconosciuto il merito di aver dichiarato: "Non c'è motivo per cui il governo potrebbe considerare di bandire quel libro."

Sfortunatamente mio padre mi vide in televisione mentre mi aggiravo fuori da Downing Street e per poco non ebbe un altro attacco di cuore. Aveva lavorato all'Alta commissione del Pakistan per quasi tutta la vita e mi aveva avvertito che i musulmani potevano scaldarsi parecchio se provocati sul Profeta. Durante il Ramadan doveva mangiare i suoi panini dietro un albero a Hyde Park per paura che qualche collega lo beccasse a rompere il digiuno. Al telefono, mi urlò di tenermi alla larga da quella "storia della *fatwa*".

Papà aveva ammirato il modo in cui gli scrittori e gli artisti ebrei erano riusciti a prosperare in Occidente. Certo, con Portnoy Philip Roth aveva avuto qualche problema con la sua comunità, ma era diventato famoso e nessuno aveva più aperto bocca: per tutti era un eroe letterario, un cantore della verità. Papà diceva che in Inghilterra i bambini ebrei si erano integrati, occidentalizzati, ma senza dimenticare la propria eredità. Perché noi, come comunità di immigrati, non potevamo farlo? Perché stavamo andando nella direzione opposta?

Cos'era "la direzione opposta" a cui si riferiva mio padre? cominciai a chiedermi. Cosa stava succedendo esattamente? Che cos'era questo "ritorno" e da dove veniva questo nuovo fervore politico e morale?

Se eravamo sorpresi e persino divertiti dalla *fatwa* e dalla furia incontrollabile che *I versi satanici* stavano scatenando, forse noi figli del boom eravamo ormai assuefatti all'oltraggio, all'insulto e alla provocazione. Stronzi in lattina, cumuli di mattoni, copulazioni nelle gallerie d'arte, pannolini sporchi, assorbenti insanguinati: non battevamo ciglio. Lo scandalo era uno stile per noi gente sofisticata, era quello che ci aspettavamo prima di uscire a cena. Strafatti di droghe, sfiniti da anni di sesso casuale, e stanchi dopo decenni di rock'n'roll nichilista e di consumismo, nulla riusciva più a colpirci. Il muro di Berlino era caduto, il marxismo sovietico era finito. Forse avevano ragione certi intellettuali, tipo Fukuyama per esempio, a dire che eravamo al capolinea della storia, e che avevamo davvero vissuto nel migliore di tutti i mondi politici.

E poi, non era già capitato che dei romanzi e i loro autori fossero stati oggetto di condanne assurde? D.H. Lawrence, Henry Miller e Vladimir Nabokov, per citarne solo alcuni, erano stati accusati e perseguiti. E forse i principi morali di qualcuno avevano visto un peggioramento dopo la lettura dell'*Amante di Lady Chatterley* o *Tropico del Cancro*? In questa smania di bandire e proibire, nulla faceva credere che non fosse uno spreco di tempo e denaro. Con il passare degli anni i tentativi di censura sembravano persino più patetici di quanto non lo fossero all'epoca. Più di recente per esempio, i Sex Pistols – che per settimane avevano occupato le prime pagine della stampa scandalistica – erano più pantomima e pubbliche relazioni che sovversione.

Eppure, chi non ricorda che nel periodo della *fatwa* buona parte dello scalpore dei media riguardava liberali, intellettuali e persino romanzieri occidentali che chiedevano che il libro venisse ritirato, o almeno non pubblicato in tascabile, per proteggere i sentimenti dei musulmani "offesi" anche se era improbabile che avessero mai conosciuto un musulmano, figuriamoci un musulmano offeso. Richard Webster, per esempio, nel suo *A Brief History of Blasphemy* (1990) scrive, a proposito dei *Versi satanici*: "… il fatto che gli intellettuali liberali l'avessero accolto e difeso sembrava dare una sorta di licenza morale al razzismo che era sempre stato latente." John le Carré disse: "Non c'è nessuna legge nella vita o nella natura secondo cui le grandi religioni possono essere insultate impunemente." Roald Dahl scrisse al *Times*: "In un mondo civilizzato abbiamo tutti l'obbligo morale di applicare un minimo di censura al nostro lavoro per rafforzare il principio della libertà di parola."

Cosa li portava a pensare che questa eterogenea "comunità" avesse un'opinione unica? E poi veniva da chiedersi: se cedevano su Rushdie, a quali altre censure avrebbero finito per piegarsi? Questo gruppo non era molto diverso dai compagni di viaggio sovietici – utili idioti – i quali non si rendevano conto che la loro ingenuità e lo schierarsi dalla parte di chi era svantaggiato proteggeva un'ideologia assassina e autoritaria sotto la quale non avrebbero voluto vivere nemmeno per un minuto. Secondo questa forma elitaria di paternalismo coloniale, la libertà di parola era solo per pochi eletti; i poveri e i benpensanti – così erano visti – non potevano affrontare e tantomeno pretendere la satira, la critica, la narrazione di storie scabrose. Chi bruciava i libri e li censurava non era abbastanza maturo da formulare domande semplici ma essenziali: perché dovremmo fare quello che dice Dio? Quando è una buona idea obbedire – e quando no?

Dettaglio ancora più importante, a questi cosiddetti liberali non era passato per la testa che i brucia-libri offesi e i potenziali ammazza-scrittori di cui volevano con tanta foga proteggere i sentimenti, avrebbero potuto finire per arrecare un danno incommensurabile alle loro stesse comunità, promuovendo una versione salafita dell'Islam che non solo era un tradimento della religione, ma delle donne, delle minoranze e della maggior parte dei musulmani che erano venuti in Occidente per offrire un futuro migliore ai loro figli. Anche mio padre era rimasto sorpreso da quanto persino noi, i suoi figli, eravamo diventati *inglesi*, come diceva lui, ma sapeva che era il prezzo da pagare per essere venuto qui a cercare un futuro per noi.

Se a quei liberali fiacchi e pieni di sensi di colpa non piaceva l'idea che la gente venisse offesa – anche se quella di prendersela è sempre una scelta – avrebbero fatto meglio a combattere il razzismo onnipresente che la loro società generava piuttosto che zittire un artista che poneva domande importanti sulla migrazione, l'identità e il tipo di mondo che l'economia di mercato aveva creato. Rushdie aveva toccato l'intoccabile, e diceva l'indicibile. In fondo era proprio questo l'obiettivo della scrittura seria, ma non era il tipo di scrittura che i suoi detrattori letterari – scrittori di thriller e intrattenitori per bambini, perlopiù – erano capaci di fare.

E poi, che cosa esattamente era andata a scalfire la critica all'Islam di Rushdie? Cos'era l'indicibile? Mi resi conto che aveva parlato di un tabù assoluto, cioè i dubbi di molti credenti, scatenando una furia indescrivibile. Sicuramente le persone che ci fanno arrabbiare di più, che odiamo maggiormente, sono quelle che creano in noi maggiori conflitti, no? Il dubbio, l'incredulità e la trasformazione erano intollerabili per chi si era trasferito in una nuova terra. Essere un migrante significa che le proprie convinzioni assolute vengono messe quotidianamente alla prova secondo un altro paradigma, e il dubbio può portare a uno smarrimento totale. Per quello molti volevano uccidere il messaggero.

L'epoca della *fatwa* mi aveva senza dubbio politicizzato; molti di noi, che provenivano da ambienti musulmani e avevano un passato di immigrazione, hanno dovuto ripensare la propria identità, la propria visione politica. Chi eravamo esattamente nel nuovo paese e cosa volevamo essere? Perché era così difficile per noi andare d'accordo? E, soprattutto, come potevamo definirci?

Per gran parte della mia vita ho sentito definire gli immigrati e i loro figli prevalentemente come "asiatici", un termine abbastanza vago da non risultare offensivo come tanti altri. In seguito alla *fatwa* cominciò invece a emergere la denominazione religiosa di musulmano, che prima era stata a malapena usata in Occidente. Con il senno di poi è facile vederla come un'identificazione fatale, un passo falso che ha dato origine all'idea erronea che fossimo una comunità religiosa compatta, unita dallo stesso sistema di credenze, e separata da altri gruppi minoritari che in Gran Bretagna si ritrovavano in una posizione simile. Persino in Pakistan, di recente, un amico gay mi ha detto: "Ci chiamano musulmani e non siamo nemmeno religiosi! Si sono convinti che crediamo tutti nella stessa cosa. Siamo stati etichettati."

Dopo la *fatwa*, all'inizio degli anni novanta, quando avevo cominciato a fare ricerche per il romanzo che divenne *The Black Album*, notai che i giovani musulmani che incontravo non erano per niente interessati a Rushdie o alla letteratura e raramente discutevano di libertà di parola. Ma la cosa peggiore, mi resi conto, era che nessuno aveva pensato di suscitare il loro interesse per la Gran Bretagna, e certamente non per il paese che avevo amato io, l'Inghilterra degli anni sessanta e settanta, con la moda, il teatro e la danza, la droga, il dissenso e l'affascinante flusso di idee controcorrente: femminismo, patriarcato, sessualità, classe. Dove erano stati per tutta la vita? Chi li aveva educati?

Quelli che un tempo chiamavamo "fondamentalisti" erano diventati islamisti, e non avevano bisogno di strumenti per pensare, perché sapevano già cosa volevano. Non erano ex contadini superstiziosi e arretrati, ma scienziati, professori e studenti brillanti. E quello in cui erano coinvolti sembrava più un culto che una religione. Si erano sottomessi a Dio, o perlomeno così dicevano, e quindi volevano che altri si sottomettessero a loro. Erano andati oltre le normali regole della socialità, e non si poteva discutere con loro, perché preferivano rimproverare e intimidire. A quanto pareva questa era la politica a cui si attenevano e non sarebbe stato affatto difficile per loro colonizzare e imporre le proprie idee a una comunità eterogenea e vulnerabile. Ma nelle moschee, nelle scuole e nelle università, dove erano finite le persone più moderate, dov'erano gli anziani?

Secoli dopo la morte del Profeta, questo gruppo voleva sostanzialmente fare proseliti in vista di un ritorno politico. Prometteva persino, come avanguardia, di creare uno stato basato sui rigidi principi macho-fascisti salafiti che l'Isis avrebbe poi adottato. (Lo chiamo fascismo perché il fascismo si basa sempre su idee di purezza, sacrificio e ritorno, oltre che sulla promessa di eliminare un gruppo particolare.) Questa nozione rappresentava un compromesso ideale per un gruppo relativamente piccolo di uomini paranoici mossi dal fervore rivoluzionario. Come è normale che facciano i giovani, avrebbero tradito i genitori, ma solo in un modo particolare, cioè dimostrando di essere moralmente più severi. Era un ritorno, ma anche una nuova forma di religione politica.

Ricordo di aver pensato a loro il giorno degli attentati di Londra del 7 luglio 2005, quando morirono cinquantadue persone. Tre su quattro dei terroristi avevano meno di ventidue anni, e tre di loro erano figli di immigrati pakistani. A quanto pare, si erano ispirati alle lezioni dell'imam yemenita-americano Anwar al-Awlaki, personaggio carismatico che aveva influenzato anche tre dei dirottatori dell'11 settembre.

Ora sappiamo che il poeta ebreo Heinrich Heine aveva ragione: chi dà alle fiamme i libri finisce per bruciare le persone. Salman Rushdie aveva scritto un buon libro e non avrebbe mai e poi mai potuto prevedere un esito così violento, ma i fondamentalisti che avevano bruciato i libri a Bradford avrebbero dovuto prevedere che l'islamismo non sarebbe mai diventato una teologia della liberazione. Le loro azioni disastrose hanno contribuito alla crescita in tutta Europa di una destra attiva, fascista e virulenta che condanna le minoranze e intende riaffermare un futuro giudeo-cristiano. La creazione della fantasmatica figura del musulmano – alla quale i fanatici religiosi hanno stupidamente aggiunto colore – viene usata per giustificare una diffusione di razzismo, odio e pregiudizi come non ho mai visto in tutta la mia vita.

Ora la comunità deve lottare su più fronti: disintossicarsi, smetterla di stare in ginocchio a pregare, e aprirsi alle idee di diverse voci, in particolare delle donne e dei giovani. Deve unirsi ad altri gruppi per lottare contro il razzismo. Niente di tutto questo è impossibile. Il fascismo non evolve, rimane uguale a se stesso, ma le comunità di immigrati e i loro figli cambiano ogni giorno. Dovrebbero essere disgustati da come vengono ritratti. Anche la versione di multiculturalismo più blanda – che si limita a una sfilata di danze, abiti e pratiche esotiche "autentiche" – va combattuta. Il messaggio dell'Illuminismo è che abbiamo una certa possibilità di scegliere chi vogliamo essere, e possiamo modellare il nostro destino di individui senza sottometterci a divinità, rivelazioni o antenati. Alla base di tutto questo c'è un'educazione liberale, una democrazia delle idee. Questi non sono valori britannici – e nemmeno l'Europa ha il monopolio – ma universali.

Non c'è dubbio che la *fatwa* sia stata uno degli eventi più strani e significativi della storia della letteratura. Ma cosa dovrebbe ancora ricordarci? Alla fine degli anni novanta, in un'intervista televisiva, Rushdie aveva detto qualcosa come: "Ai fondamentalisti manca il senso dell'umorismo." Questa osservazione mi è sembrata cruciale, perché ci esorta a ricordare che le più grandi opere letterarie sono spesso commedie, e che la commedia è un valore vitale, soprattutto quando c'è da mettere alla berlina il privilegio, il potere e il dogma. I fondamentalisti dell'epoca e gli islamisti che li hanno seguiti – che facciano parte di Al-Qaeda, dell'Isis o di uno dei tanti altri gruppi – hanno in comune una strategia che mira a minacciare, umiliare e il ridurre al silenzio. Non dobbiamo dimenticare che molti degli attacchi islamisti – allo stesso Rushdie, al regista Theo Van Gogh, alla redazione di *Charlie Hebdo* e a locali e club dove si fa musica – sono attacchi al piacere culturale, al gioco e alla libertà sessuale.

I romanzi, così come le altre forme di narrazione, possono presentare, analizzare e deridere i tiranni, ma di certo non esercitano una forma di tirannia sul lettore. Se sono validi, ci mostrano le persone nella loro complessità, non come dovrebbero essere. Possono creare disordine usando il linguaggio per liberarci dalla schiavitù di un particolare modo di vedere, e così in fondo ci rendono più autonomi. La disobbedienza, come ogni bambino sa bene, è una forma di libertà, e la certezza assoluta è una forma di follia. La derisione è l'incubo dell'autorità, e il ritorno della religione, del tiranno e dell'uomo forte dovrebbe spingerci a dubitare spesso e a fare più domande, a essere più ingenui e a indagare sempre. I tiranni cercano di sanare i conflitti fingendo che tutto sia già deciso, ma bisognerebbe ricordargli che le questioni di potere, genere, classe e sessualità non possono mai essere definite una volta per tutte, perché sono provvisorie e devono essere aperte alla sperimentazione. Questo è un approccio radicale, che non ha alcuna somiglianza con l'ipocrita "radicalismo" conservatore a cui siamo stati sottoposti. La critica, il pensiero libero e il dubbio sono valori universali da cui trae beneficio soprattutto chi è relativamente inerme. Se cediamo anche solo su uno di questi valori, siamo destinati a una vita senza cultura, oltre che senza speranze.

FANATICI, FONDAMENTALISTI E FASCISTI

All'inizio degli anni novanta, dopo lo shock della *fatwa* del 1989 contro Salman Rushdie, cominciai una sorta di indagine tra chi lo condannava e mi resi conto che stava succedendo qualcosa di strano tra i giovani musulmani britannici, uomini e donne. Ne avevo scritto nel mio romanzo *The Black Album*, che parla di un ragazzo che arriva a Londra dalla provincia per studiare e si ritrova incastrato tra l'edonismo stimolato da un cocktail di sesso e pasticche degli anni ottanta e il movimento fondamentalista che stava emergendo. Alla fine del romanzo i giovani asiatici – come venivano chiamati allora – bruciano *I versi satanici* e attaccano una libreria.

Subito dopo avevo scritto un racconto intitolato "Mio figlio il fanatico", che era uscito sul *New Yorker*. Ambientato a Halifax, diventò poi un film prodotto dalla BBC nel 1997. Ancora una volta parlava di quello strano fenomeno che avevo notato: i giovani musulmani volevano meno sesso, più obbedienza, un cambiamento rivoluzionario a livello mondiale e uno stato retto da principi religiosi.

Non era certo una sorpresa che i giovani si rivolgessero all'utopismo e alla rivoluzione. Dopo tutto, nella mia generazione c'erano stati maoisti, marxisti, comunisti, femministe militanti, sostenitori del potere nero e trotzkisti di vario genere. Alcuni di questi ex "rivoluzionari" ora possedevano varie proprietà e potevano contare su ricche pensioni dopo una vita nel giornalismo, nel mondo accademico o nelle arti.

Ero invece sconvolto dal ritorno a una nuova sottomissione, questa volta ad Allah, insieme alla fede, alla sincerità e al sacrificio puritano, perché ero consapevole che gli immigrati come mio padre non erano certo venuti in Gran Bretagna per farla diventare simile ad altri paesi o per fomentare il cambiamento politico.

Dopo gli orrori della Partizione e della fame in India volevano sicurezza, stabilità e un'istruzione per i loro figli. La madrepatria poteva anche essere la culla di Satana, con un'assurda idea di se stessa come razzialmente superiore, ma era più tollerante di tanti altri posti, e conservava, secondo la vecchia generazione, un decoro nobile, orwelliano, e un liberalismo crescente che avrebbe reso la vita più facile ai nuovi migranti e ai loro figli.

Contrariamente a quello che il parlamentare conservatore Enoch Powell affermò nel suo tristemente celebre discorso del 1968, erano i bianchi ad avere sempre avuto il controllo sulla gente di colore. C'era ancora una profonda amarezza e risentimento nella comunità. E così, in "Mio figlio il fanatico", il giovane comincia a buttare via il suo armamentario pop e tutto ciò che considera superfluo. Lascia la sua fidanzata bianca e rifiuta i fanatici del neoliberalismo e l'adorazione thatcheriana per il mercato, che prometteva in qualche modo di elevare l'egoismo estremo a una dottrina liberatoria. Accusando il padre di essere "troppo occidentale", il figlio diventa sempre più devoto, tanto da far arrivare un predicatore estremista dal Pakistan per istruire altri ragazzi della zona che la pensano come lui.

Era chiaro che certi giovani musulmani ne avevano abbastanza dell'atteggiamento compiacente e servile dei genitori nei confronti dei padroni bianchi. Finalmente avevano scoperto un'ideologia che forniva anche uno scopo, e la vecchia religione poteva essere usata per cose nuove. Sappiamo ora che la *fatwa* fu un passo falso stupido, se non fatale, per i musulmani. In quel periodo la comunità formalmente nota come "asiatica", iniziò a farsi riconoscere come censoria, limitata, retrograda e a vergognarsi dei suoi membri più intelligenti, critici e creativi. Ma in quanto sfida all'Occidente funzionò, e fu solo l'inizio.

Da quando ho scritto quelle storie di finzione a metà degli anni '90 – e dopo gli attacchi al World Trade Center, le guerre in Iraq e in Afghanistan, gli attentati di rappresaglia in Europa e altri orrori – il mondo occidentale si è spinto a destra, costruendo un'immagine dell'Islam come Altro del tutto alieno. Ora, dopo Trump, Orbán e Salvini, i musulmani, come gli ebrei o i neri in altri contesti, verranno puniti, stigmatizzati, aggrediti e sorvegliati. Abbiamo tutti paura, e a ragione.

Certo, i musulmani non hanno aiutato a migliorare la situazione. Ma almeno loro, a differenza di tanti in Occidente, hanno riconosciuto che la guerra e la violenza andranno sempre in entrambe le direzioni. Come poteva essere anormale che ci fossero degli attentati in Occidente quando in Oriente i bombardamenti erano all'ordine del giorno?

Ora anche i musulmani sono diventati vittime di una caricatura ghettizzante che ha contribuito a costruire la nuova destra. Razza e religione avranno un posto centrale nella creazione di una nuova Europa, e la destra userà l'Islam e i musulmani per diffondere il totalitarismo – non che le minoranze non siano già state sfruttate in questo senso. Impossibile fare a meno di notare quanto le due realtà si assomiglino. La visione contemporanea dei musulmani è l'immagine speculare dell'ideologia di estrema destra che sta invadendo l'Occidente: sessista, omofoba, insulare, monoculturale, agguerrita.

La forma di Islam politico di cui ho scritto – emersa in Occidente negli anni novanta – ha esaurito le proprie possibilità, perché chiaramente non portava da nessuna parte se non al nichilismo. Era vergognoso che gli ex colonizzati non vedessero l'ora di colonizzarsi nuovamente in un carcere di religione e oscurantismo ideologico che, alla lunga, li ha resi soggetti a una duplice oppressione, di censura e stagnazione intellettuale. La sottomissione tanto desiderata – farsi strumento di Dio – è un ideale statico e schiavizzante.

Per fortuna la nuova generazione dei giovani musulmani può creare un nuovo radicalismo che non sia né religioso né populista, e sollevarsi contro il potere di un Islam rigido e prescrittivo per plasmare una nuova identità di fronte al fascismo contemporaneo e alle seduzioni dell'odio. Ma questo significa che i giovani devono prima affrontare i loro vecchi, oltre a un'ideologia ormai rigida.

Nulla si addice alla classe dirigente bianca più dei seguaci di Dio arretrati e ignoranti. Se il multiculturalismo è diventato un diversivo, il monoculturalismo è peggio. Ciò che spaventa davvero il potere contemporaneo non è tanto l'islamismo, ma la solidarietà: l'idea che gli emarginati possano allearsi con altri giovani frustrati in Occidente per combattere l'osceno rigurgito razzista che tanto stimola i nostri politici in questo momento.

I giovani che sono stati esclusi e deterritorializzati potrebbe organizzarsi e formare una classe illuminata e istruita, pronta a unirsi ad altre in tutta Europa e a lottare per la libertà, l'uguaglianza e il cambiamento sociale. È cruciale combattere per una nuova identità basata su ideali laici condivisi e non sull'odio e l'esclusione. Un nuovo radicalismo ci darebbe qualcosa in cui sperare in quest'epoca disastrosa in cui vige la legge del branco.

DA NESSUNA PARTE

Chiamami Ezra. Chiamami Michael o Thomas. Chiamami Abu, Dedan, Ahmed. Chiamami Er, Asha, Merda, Scarto. Chiamami come vuoi, nessuno o niente. Hai già nomi a sufficienza per me.

La mia identità e persino il mio carattere cambiano di giorno in giorno qui. Devo sforzarmi di ricordare chi sono. Come un bambino che sta imparando l'alfabeto, quando mi sveglio devo familiarizzare di nuovo con la mia storia. Questo perché non sono riconosciuto, non ho un riflesso qui, tranne che nei suoi occhi. Quando Haaji mi vede prendo vita, se vita è la parola esatta, e probabilmente non lo è.

Indossando la mia unica camicia, nella piccola e squallida stanza d'albergo che siamo costretti a lasciare, mi agito mentre la aspetto. Mi sono accorto che sono molto magro: vedere la morte in faccia sicuramente c'entra. È strano vivere ogni giorno nella paura. Almeno si arriva a praticare la rinuncia, ma devo ammettere che sono un asceta riluttante. A casa non dormivo mai con meno di cinque cuscini.

I miei patetici averi, insieme ai libri sacri – Hegel, Dostoevskij, Kafka, Kierkegaard – sono in poche borse di tela. Spero che mandino una limousine perché non so quanto ancora potrò camminare. È successo qualcosa di tragico al mio sistema nervoso e sono sempre agitato. La testa è troppo pesante e il corpo a malapena obbedisce. Me la sarei cavata meglio se fossi stato un gatto.

Haaji è stata fortunata a trovare un lavoro come cameriera qui. Per due settimane mi ha nascosto nella sua stanzetta. Abbiamo fatto a turno per dormire sul suo letto, finché non ho commesso un errore inevitabile. Ho fatto un sogno terribile, ho urlato e così mi hanno scoperto. Qui anche gli incubi possono tradirti. In futuro – e anche questa parola mi fa ridere – dormirò con il nastro adesivo sulla bocca.

Io e lei dobbiamo andarcene di nuovo, non si sa dove. Dicono che sono un rischio per la sicurezza, che sono un terrorista, e che ci mettono un attimo a denunciarmi alla polizia, che mi interrogherà di nuovo. Lei li ha pregati di lasciarmi perdere perché non ho nessuna religione e, devo ammettere, nessun credo riconosciuto. Sono solo un innocuo topo di biblioteca, con la testa molle come un gelato. Nessun terrorista si è mai ispirato a Kafka. E sono troppo pigro per mettermi a uccidere la gente. Non me ne frega niente delle invasioni, delle guerre, e non mi aspetto niente di meno dall'umanità. Ma tutto quello che è successo è una gran seccatura.

Nella mia città avevo un bar.

Haaji è arrabbiata, ne ha abbastanza. Ho soltanto lei e mi piace credere che non mi abbandonerebbe mai. Probabilmente sa che non sopravvivrò. Questa vita strana è troppo per me e la mia mente è un manicomio. Tra due minuti tutto potrebbe cambiare e lo saprò dalla sua faccia.

Ha dieci anni meno di me e non è così scura. Appena arrivata ha smesso di coprire i capelli, ha un taglio moderno. Non è considerata con sospetto, come succede a noi uomini. Potrebbe passare per una persona "normale". Non avevo mai toccato un corpo così bianco.

Per qualche settimana ero diventato il suo maestro. Non aveva mai incontrato nessuno come me, e aveva adottato la mia visione del mondo. Ha rischiato la vita per proteggermi, ma non sono sicuro che continuerà a farlo. Cosa sono per lei lo vedremo.

La piccola città dove vivevo è stata distrutta. Sono fuggito e ho viaggiato fino alla terra dove è nato l'Illuminismo, la democrazia dove sono diventato un negro da un giorno all'altro. Al risveglio ho scoperto che mi ero trasformato in un'altra persona.

Lo straniero è fonte di sospetto fin dall'alba dei tempi. Ma non dimentichiamo che siamo tutti stranieri in potenza. Un giorno anche tu potresti passare dal lato bianco della vita a quello nero, basta un attimo. Gli altri si accorgeranno che non c'entri niente. Avranno paura di te, li disgusterai.

Il mio amico del bar, UnBraccio, si era organizzato, cosa insolita per un poeta, me ne rendo conto. Siamo fuggiti insieme dal nostro paese e le prime settimane sono state caotiche, durissime, ma lui aveva delle conoscenze qui e mi ha guidato.

Quando sono arrivato con lui come molti altri mi sono messo a lavorare per Bain, l'uomo che si occupa delle case e degli appartamenti vuoti nella grande città. E così, dopo il viaggio da incubo, le cose avevano cominciato a migliorare. Ero persino entusiasta di rivedere l'Europa, gli edifici, le biblioteche e i paesaggi, anche se l'ultima volta, quando ero studente, avevo con me una guida turistica, una macchina fotografica e una gran curiosità. Questa nuova prospettiva – pensate a un uomo che guarda il mondo da un cassonetto – è, diciamo, meno esotica. È più istruttivo essere in balia degli altri.

Così, mentre aspettavamo di vedere come sarebbero andate le cose per noi in Occidente, ci eravamo messi a lavorare per Bain, il re di chilometri di ville faraoniche e appartamenti da rivista. Noi, uno sciame di nuovi nomadi che volenti o nolenti camminano nella storia, siamo i nuovi schiavi. Volevamo un lavoro piuttosto che rimanere bloccati per anni nei centri di transito.

Bain poteva farci quello che gli pareva. Eravamo costretti a obbedire e persino ad adularlo, cosa che ovviamente gli piaceva. Noi gente dell'ombra non abbiamo guide turistiche e nemmeno un significato. Puoi picchiarci, approfittare di noi. Nessuno si lamenta.

Entravamo nelle ville e negli appartamenti più belli del mondo, dimore che non avevo mai visto se non in televisione, e di certo non ci avevo mai messo piede. Potevamo goderci quelle case – che non erano abitate, non erano vissute – più di quanto se le godessero i proprietari. Forse quei banchieri e principi e politici corrotti, maestri di riciclaggio che vivevano a Pechino, Dubai, Mosca o New York, le avevano dimenticate del tutto.

Una cosa è certa, il vuoto è costoso. Non avevo mai visto così tanta luce in un edificio.

Anche se non erano sporche, se non erano mai state usate, le cose avevano bisogno di manutenzione. Era questo il nostro compito: pulire il pulito. Lavorando tutto il giorno, tutti i giorni, ci prendevamo cura di piscine deserte, letti nuovi e rigonfi, stanze per il bagno turco, saune. Bisognava occuparsi di ettari di parquet e chilometri di persiane, muri, garage e giardini. Imbiancare di continuo. Le persone ricevono meno attenzioni e valgono meno.

La nostra squadra andava di casa in casa. A volte erano vicine, nello stesso isolato, se no ci portavano in giro con un furgone. Le persone come me, i chiacchieroni e gli intellettuali, che vivono di cose astratte come le idee, le parole e la bellezza, non sono di grande utilità nel mondo. Mi chiedevo quanto avrei potuto resistere con questo lavoro. Ma in una villa da favola mi era stato assegnato il giardino. Spazzavo le foglie, potavo, scavavo.

È stato in quella casa, sotto una scalinata elegante che mi ricordava quella del mio film preferito e il migliore di Hitchcock, *Notorious*, che avevo scoperto una minuscola stanza con le pareti spioventi e una vecchia poltrona all'interno. Probabilmente il ricco proprietario non solo non aveva mai usato quello spazio né visto la poltrona, ma non sapeva nemmeno che esistesse. Che gli importava se mi mettevo comodo a sue spese? Forse era una persona gentile e sarebbe stato felice per me. Perché no?

Appena due mesi prima, quando erano iniziati i bombardamenti nella nostra città e finalmente avevamo accettato il fatto che la vita di prima era finita per sempre, eravamo stati costretti a fuggire. Avevo raccolto dei vestiti e tutto il denaro di cui potevo disporre. Poi ero rimasto a fissare il nulla: i miei compagni mi aspettavano, ma qualcosa mi tratteneva.

I miei libri. Può sembrare strano, ma erano la mia principale fissazione già allora. Quando non hai più nulla, trovi il tempo di leggere. Kafka, Beckett, Hegel, Nietzsche, Montaigne. Me li aveva dati mio padre. Erano la mia mente e il mio tesoro, la mia unica risorsa.

Quando fu il momento di fuggire e tutto stava crollando intorno a me, mi precipitai nel retro del mio bar, che faceva anche da biblioteca e libreria, e presi tutto quello che potevo portare, riempiendo una borsa, varie sacche e le tasche.

Nella nuova città Haaji e io ci eravamo trovati a lavorare nella stessa casa. Bain impiegava soprattutto donne, ma per certi lavori aveva bisogno anche degli uomini. All'inizio la notai appena. Silenziosa e umile, sempre a testa china, si teneva saggiamente lontano dai guai. Nessuno di noi parlava molto, avevamo la bocca chiusa. Eravamo come fantasmi sotto shock.

Quando notai che mi guardava, mi chiesi se mi avesse visto parlare da solo.

Una sera tardi, dopo il lavoro, sentii un colpo alla porta del mio sgabuzzino. Ero dentro a leggere. Quel rumore nel mio nascondiglio segreto mi terrorizzava. Stavo per essere punito e licenziato?

Poi sentii la sua voce, bassa ma pressante: "Asha, Asha, sono Haaji" e aprii la porta. Si sedette su uno sgabello, di fronte alla mia sedia. La sua intrusione mi sembrava coraggiosa, e mi lasciava perplesso. Aspettai che parlasse.

"Cosa c'è in quel libro?" disse finalmente, indicandolo. "E in quello? E in quell'altro?"

"Cosa pensi? Perché me lo chiedi?"

Era riuscita ad ammettere che voleva parlare con me, quella ragazza minuta con il camice bianco e le scarpe bianche. Due persone spaventate sedute insieme in uno sgabuzzino. Mi chiese di dirle qualcosa su quello che stavo leggendo. Potevo spiegarglielo? Si capiva che era intelligente e persino istruita, almeno in una certa misura. Forse aveva avuto problemi a scuola o in famiglia. Era magra e fragile, ma sembrava determinata.

Andò avanti per molte notti. Capii che dovevo chiarire e semplificare. La maggior parte delle persone può capire Hegel solo fino a un certo punto. Ma lei era affascinata dalla relazione servo-padrone, dall'interdipendenza tra signore e servitù, capo e seguace, creditore e debitore, da come sono legati. L'eterno, impossibile rispecchiarsi.

Ero sorpreso e cominciavo a entusiasmarmi. Volevo che sapesse cosa vedevo in quei pensieri, perché ero convinto che fossero più importanti del denaro, più importanti di quasi tutto ciò che conta per la gente.

"Sei così gentile, potresti essere il mio insegnante," disse lei.

Mi piaceva. Mi dava vigore sentirmi di nuovo utile, finalmente. Di cosa avevamo bisogno? Di parole più precise. Idee più adatte alle circostanze. Il nuovo vocabolario le dava una prospettiva migliore, da cui poteva vedere più chiaramente. Pensi di fare una cosa e invece, secondo una definizione diversa, è tutt'altro. Come peccare, per esempio. Improvvisamente può apparire sotto la voce amore.

Che scoperta. La modestia ha i suoi limiti. Lasciatemi dire che in quel periodo, con lei, avevo scoperto di piacermi, e molto. Avevo una funzione, mi rendeva una persona.

Come me, come tutti noi qui, aveva paura e fuggiva da qualcosa. Ma a differenza di me, lei correva verso qualcosa. Una nuova vita, la speranza, il futuro. Era bello da vedere.

Haaji e io ci consideravamo dei privilegiati ad andare di casa in casa con l'attrezzatura per le pulizie. Potevamo vedere dei bei mobili, arte pregiata, sculture. Solo i più ricchi potevano permettersi i Warhol, di solito Mao. C'erano inquietanti piscine deserte, cucine senza cibo più grandi di un appartamento. Lavavamo enormi pareti di vetro a picco sulla città.

Di notte, quando a volte facevo il guardiano in quelle ville e tutto era silenzioso come in un monastero, il momento più bello di una città, ci sedevamo con i piedi in alto, ad ammirare rapiti i mutevoli paesaggi notturni. A modo nostro potevamo condividere quel privilegio, camminare sui tappeti più lussuosi e mangiare su tavoli in marmo di Carrara. Scivolavamo nelle loro piscine, galleggiavamo a pancia in su. Che crimine terribile avevamo commesso. Vivere il loro sogno era come violarli. E ci rendeva terribilmente infantili.

In quel panopticon, perennemente sotto l'occhio insensibile di qualche vaga autorità, Haaji e io avevamo fatto una cosa pericolosa. I nostri occhi si illuminavano quando ci guardavamo. Qualcosa stava iniziando tra noi, ma per fortuna non era quello che verrebbe da pensare.

Cominciammo a fare dei giochi. Sapevamo dove erano le telecamere. Nessuno guardava; Bain e i suoi uomini raramente controllavano, perché non c'era niente da controllare. Non penso che qualcuno di noi abbia mai rubato qualcosa, ci perquisivano sempre.

Nella mia città avevo un bar.

Ci piaceva far finta che quelle ville di lusso fossero davvero nostre. Nei giochi potevamo essere ricchi, aristocratici. Ci aggiravamo per le stanze con un'aria autorevole, gridando ordini. Discutevamo della fatica di avere a che fare con i costruttori e del fatto che i nostri avvocati li avrebbero trattati come meritavano. Ci informavamo su pranzi e amanti. Le chiesi con quale abito mi preferiva, che cravatta e quali scarpe mi stavano meglio. Ci chiedevamo se andare in vacanza a Venezia o a Nizza, se avremmo mangiato branzino o vitello, bevuto champagne o vodka.

Era un'euforia vuota. Un giorno UnBraccio venne ad avvertirmi. Dovevamo essere più riservati, gli altri l'avevano notato. C'erano parecchi neri che lavoravano con noi, perlopiù muratori e addetti alle consegne. Erano sporchi, promiscui, polemici, minacciosi. Parlavano una lingua incomprensibile e nessuno di loro aveva mai letto un libro. Perdonatemi, per favore. Ho capito. Ma a ciascuno il suo straniero. Non posso anch'io odiare arbitrariamente? È un altro privilegio a cui devo rinunciare? A volte odiare è meglio che mangiare.

Unbraccio disse che i neri spettegolavano su di noi e che la ragazza piaceva a tutti. Perché avrebbero dovuto volere che noi fossimo felici quando loro non lo erano?

Nel nostro sgabuzzino, curvi sotto le pareti inclinate, tra aspirapolvere, scope, spazzoloni e secchi, Haaji e io parlavamo sempre più a lungo a lume di candela. Democrazia, amore, sogni, sesso, virtù, infanzia, razzismo, tiravamo fuori tutto. La sensazione d'infinito, di nessun altro al mondo.

Cercò di mostrarmi il suo corpo, una follia che non potevo approvare. Distolsi lo sguardo e le parlai del mio bar. Per renderlo vivo descrivevo le famiglie, i sorrisi e gli scherzi dei miei amici, che adesso erano sparpagliati chissà dove.

Nella mia città avevo un bar. Recito ogni mattina queste parole bellissime, come una preghiera, o una conferma.

Mi considero un borghese. Ho sempre avuto paura degli specchi, li ho sempre avvicinati con timidezza, con esitazione. Non sono mai stato un granché, con i capelli radi, la camminata pesante da anatra, il respiro corto. Ho avuto due amanti, ma le donne mi hanno sempre fatto paura e non avevo mai voglia di accoppiarmi. Cos'è un uomo davanti a una donna che ha un orgasmo? C'è qualcosa di più terribile? Non credo che alla maggior parte delle persone il sesso piaccia davvero. Lo trovavo fisicamente invasivo, se non osceno. Non riuscivo a credere che la gente avesse davvero voglia di mettersi la lingua in bocca. Adoravo le moto. Una Ducati è qualcosa di una bellezza gloriosa.

Socrate diceva: Non posso pensare ad altro che a Eros, e secondo me intendeva dire: come si collega la passione con il resto della vita? Alcuni cercano Dio, io cerco il mio dio Eros in tutto, e non solo nei corpi. Lo vedo nel caffè, nelle frasi. Perciò sono d'accordo con sant'Agostino, forse ricordo male, ma mi piace pensare che secondo lui avere un pene fosse l'esilarante punizione di Dio per essere un uomo. Un uccello che va su e giù a casaccio, soprattutto quando sei giovane, e non puoi controllarlo più di tanto. Avevo scoperto che in chiesa si alzava con imbarazzante regolarità. Poi, quando finalmente sei a letto con Cindy Crawford e lei bisbiglia il tuo nome, sai che non ce la farai. Lasciamo perdere l'invidia del pene, io sono per la castrazione. Per questo lo nascondo tra i libri. Preferisco leggerne che usarlo.

Prima, nella mia città, con la mia routine, ero dedito al lavoro e mi piaceva servire. Era un onore, ero orgoglioso di quel piccolo bar. Preparare un americano, offrire dolci e giornali, parlare con i clienti, tentare di affascinarli, questa era la mia vocazione.

La mia grossa motocicletta era parcheggiata fuori, potevo ammirarla mentre pulivo i tavoli e spazzavo il pavimento. C'erano quadri e fotografie alle pareti – opere che avevo comprato da artisti locali per incoraggiarli. Nel retro del caffè c'erano libri di architettura e sedie comode. La mia clientela era composta da dissidenti a un soffio dalla prigione, avvocati per i diritti umani, accademici, scrittori blasfemi, cantanti, anarchici, piantagrane. Mi assicuravo di conoscerli tutti per nome. A volte mi invitavano a casa loro. Una banda di stranieri, bohémien ed eccentrici. Come Parigi nel 1946: Richard Wright e Gertrude Stein che chiacchierano.

Ora, immaginate che un dittatore prenda le armi che l'Occidente gli ha venduto e faccia saltare in aria il tuo negozio. Ma non solo. La strada, anzi l'intero quartiere, tutto e tutti, un giorno vengono cancellati da un'ondata di fuoco. Una mattina guardate il vostro quartiere e tutto quello che conoscete è sparito. Dietro la tempesta di fumo c'è solo sporcizia, rovina, macerie. Le persone che vedevi ogni giorno – negozianti, vicini, bambini – sono morte, ferite o in fuga. E nessuno si ricorda perché sia stato necessario scatenare quell'inferno o a quale buona causa sia servito.

La civiltà è una patina, ma sotto siamo bestie scatenate, lo sanno tutti. Eppure non è del tutto vero.

Se siamo selvaggi, è perché ci è stato ordinato di esserlo. Perché siamo dei seguaci. Perché siamo obbedienti.

Gente: vengo a voi con i miei strani modi. Come molti altri, ho arrancato per raggiungere la città dell'Illuminismo. Ho dormito sulle panchine e sotto i bidoni della spazzatura. Ho cagato nei vostri parchi e mi sono pulito il culo con le vostre foglie. Era pericoloso. Degli sconosciuti mi hanno pestato e l'ho presa come un'offesa, non avendo mai considerato il ruolo della vittima come una parte naturale della mia condizione.

Mi hanno rubato i documenti mentre dormivo e sono stato costretto ad andare da Bain. Avreste dovuto vedere come gongolava sapendo che avrei dovuto chiedergli umilmente aiuto. L'aveva già fatto centinaia di volte con altri come me e si era assicurato che la pagassi cara. I suoi amici si erano presi tutti i soldi che avevo con me, e Bain si era intascato la sua parte. E io ho lavorato per ripagarlo, ma non ce l'avrei mai fatta. Come gli altri, in cambio di un po' di sicurezza, ero per sempre proprietà del diavolo.

Penserete che io sia distratto. Ho ricevuto dei documenti nuovi e li ho persi. Davvero, è stato allora che ho perso tutto. Ecco come è andata.

Cammini per una strada tranquilla di una città normale con il tuo amico, Unbraccio il poeta. È una parte della città che si considera progredita. Vedi una donna in un caffè che legge un libro, persone affascinanti che parlano di Michelangelo, gallerie e musei, gente che passeggia e guarda. Ci sono nuovi edifici con curve favolose.

Vuoi entrare. Dici a Unbraccio che persino Ulisse era tornato a casa.

Ti avvicini a un bar. Per te, comune cittadino, non è altro che un bar. Ma per me la normalità è finita da tempo, ora è un possibile pericolo. Dal mio punto di vista, una facciata o una vetrina sono "normali" come un moribondo può pensare che una persona sana viva una stupida illusione.

Fuori dal bar è seduto un uomo, sta bevendo. Alza gli occhi e ti squadra. Qui, nel cuore del paradiso, dentro di lui avviene un'esplosione. Il fatto stesso che esisti lo offende, e allo stesso tempo è pervaso da un piacere particolare, pregusta la soddisfazione. Dovrei dire che la follia è la regola ormai – Haaji la chiama la nuova normalità. Per trent'anni sono stato un uomo libero. Ora sono un cane pericoloso sulla traiettoria di qualcuno.

Afferri il tuo amico poeta per l'unico braccio buono e vi allontanate. Hai riconosciuto un pericolo preciso.

Come temevi, il tizio arriva, con degli altri. Sono sempre in zona, e rapidi. Questi sono tempi produttivi per i vigilanti, i difensori del decoro.

I nichilisti non sono eleganti. Non ti viene voglia di discutere di poesia con loro. Vestiti di pelle, hanno la testa rasata, i tatuaggi. Mazze e tirapugni.

A loro basta darci un'occhiata per capire che è in gioco la civiltà. Noi straccioni con le nostre povere cose e i nostri bisogni siamo una minaccia per la sicurezza, per la loro stabilità.

Senza dubbio per noi è pericoloso vivere qui, in Europa. Sono paranoico, lo so. Nella mia testa rimbombano interrogatori e discussioni. Mi aspetto che la gente abbia una scarsa opinione di me. Partiamo già umiliati. Non che non ci sia motivo per cui essere paranoici. Se siamo in strada, e semplicemente camminiamo, ci fissano e spesso ci voltano le spalle. Ci sputano addosso. Vogliono farci sapere che ci considerano strani, indesiderati. Parlano tanto di scelta e individualità, ma mi stupisce quanto tutti siano conformisti, omologati.

Noi, i degradati, i primitivi, i vagabondi neri sporchi e selvaggi, siamo terrorizzati. Noi, dico. Non siamo nemmeno un noi. Siamo ancora un "loro". La causa di tutti i problemi. Tutto il male viene da noi. Non ho bisogno di enumerare le accuse, non ho molto tempo.

UnBraccio e io corriamo come mai nella vita. Una macchia di arti, un lampo di terrore.

Ci prendono. Mi picchiano così forte che non riesco ad aprire gli occhi. Faccio fatica a sentire. La polizia è indifferente, ovvio. Meno siamo, meglio è.

Quella notte UnBraccio è stato ammazzato, ma è arrivata della gente prima che morissi anch'io. Haaji mi avvolgeva nel suo pallido amore e aveva implorato Bain di farmi restare. A cosa gli serviva un uomo a pezzi? Lei era riuscita a convincerlo che presto mi sarei rimesso in piedi. Mi chiedo come abbia fatto, soprattutto visto che lui diceva che con la sua pelle bianca avrebbe fatto fare una bella borsetta per uno dei suoi datori di lavoro. E non scherzava del tutto. Vendeva le donne in altri modi, i nostri corpi hanno vari usi.

C'erano state delle grida. Haaji era uscita a cercarmi, e alla fine mi aveva trovato. La mia bocca era spalancata sul letto, urlavo, piangevo. Non ricordo dove Pessoa descrive la caduta nello spazio come un vuoto, un vortice, un turbine. Vedete, lui mi conosce.

Haaji doveva essersi innamorata di me, o perlomeno si era affezionata, a quel tempo, perché la sua gentilezza era infinita.

Strano ma vero, il mio ottimismo le sollevava il morale. Questi sono giorni oscuri in un mondo oscuro per noi persone scure. E forse sono una specie di santo folle. Eppure non ho mai smesso di ripeterle che credo nella possibilità della collaborazione, dello scambio. Ne sono tuttora certo, si possono fare cose creative insieme. L'avevo visto nel mio bar, dove la gente si parlava. Se ci fosse solo distruzione non ci sarebbe vita sul pianeta. Proviamo con l'uguaglianza. L'uguaglianza è un'idea così interessante, perché è così difficile da raggiungere?

Dopo il pestaggio niente funzionava più in me. Bain aveva il suo gruppetto, e si era accorto che Haaji era impressionabile. Molti sognano di essere a capo di qualche culto, e molti sono pronti a seguirli se credono che alla fine avranno una ricompensa. Il culto in generale, che sia religioso o politico, patriarcale o matriarcale, rimane la versione moderna dell'appartenenza.

C'erano quelli che lo vedevano come un liberatore. Era Schindler, che proteggeva e nascondeva chi rischiava l'estinzione. Purtroppo aveva le sue teorie e non amava ascoltare, preferiva vomitare parole. Me lo immagino camminare su e giù come un imam o un predicatore, su un lucido parquet, mentre noi sonnecchiamo ai suoi piedi.

L'umorismo può essere umiliante e i tiranni non incoraggiano rapide decostruzioni. Per mia sfortuna sono un entusiasta e uno scettico piuttosto che un seguace. In una tirannia davvero efficiente – l'unico tipo che valga la pena di prendere in considerazione – uno come me non dura dieci minuti.

Nonostante il mio desiderio di rimanere allegro, se non cinico, il mondo mi stava rendendo sempre più acido. Se pensate che la letteratura sia strana, provate la realtà. Sono sempre stato un ammiratore di Beckett. Mentre mi godevo la sua prosa nel mio piccolo bar e scrivevo le sue citazioni su cartoline da spedire agli amici, non mi era mai venuto in mente che sarei finito nel letame fino al collo. Sfortunatamente, i romanzieri che ammiro di più non danno istruzioni e non richiedono sacrifici, il che è al contempo un pregio e un difetto.

A un certo punto, non avendo nulla da perdere, mi era venuta una buona idea.

Da quando ero stato aggredito, avevo sempre mal di denti. I denti mi davano problemi, di continuo. Come poteva una persona come me permettersi un medico o un dentista? Il dolore era insopportabile e volevo vendicarmi con il mondo. Perché la gente non riesce a essere gentile? Bella domanda, vero? La gentilezza non segue la politica, e non ce n'è abbastanza nel mondo, quindi ne avrei portata un po' io. È così che mi era venuta l'idea di uccidere Bain.

Non era quasi mai da solo, ma una sera uscì in giardino a fumare. Mi dava le spalle: la parte di lui che preferivo. Ero seduto dietro un albero al crepuscolo, leggevo alla luce di una piccola torcia. Vidi un ramo vicino a lui e mi venne in mente di fargli saltare le cervella. Pensai: forse in fondo sono un assassino che sogna di essere un uomo rispettabile? Eliminando dal mondo una presenza malvagia avrei ricevuto sia soddisfazione che appagamento morale. Penso che siano i sadici e i pervertiti a portare guai, perché si preoccupano eccessivamente di quello che fanno gli altri. Volevo davvero essere buono?

Poi Bain si era girato dall'altra parte.

E io pensai: posso ancora raggiungerlo e colpirlo, c'è tempo. Miliardi di persone hanno ucciso qualcuno, a molti è persino piaciuto. Non avevano forse continuato a vivere spensieratamente, continuando a godersi la TV e gli sconti al supermercato? Ma io ero debole. Siamo tutti fratelli di Amleto, e uccidere non era un gioco da ragazzi per me. E perché dovrebbe esserlo? Così mi ero lasciato sfuggire l'occasione. Mentre imboccava un sentiero, dalla frustrazione raccolsi il ramo e mi colpii un ginocchio. Il ramo si disintegrò.

Non ero in grado di fare il lavoro che Bain richiedeva. Ero zoppo, debole. Girava voce che vendesse gli organi dei lavoratori più recalcitranti. Non che ci avrebbe guadagnato molto con i miei. Chiesi a Haaji di scappare con me.
Era una situazione delicata. Dovevo dirle che la protezione che cercava era un'illusione. I tiranni non mancano mai e il loro egoismo è catastrofico. Bain era il maestro sbagliato e io non potevo esserlo affatto.
Eravamo fuggiti di notte, prendendo strade secondarie. Ci nascondevamo nei boschi, usavamo i bagni delle stazioni di servizio per lavarci.
Ci siamo stabiliti in un paesino che per noi è peggio della città. Gli abitanti sono sospettosi. Ci sono stati attentati e aggressioni in tutto il paese per mano di maniaci, religiosi e politicanti, una sparatoria non lontano da qui. I politici accorrono come casalinghe a una svendita. Dopo ogni tragedia, la gente organizza veglie e accende candele, tutti si tengono per mano, piangono e giurano di non dimenticare mai. Invece dimenticano fino alla tragedia successiva, e poi a quella dopo.
Molti insistono di essere stati costretti a mettere da parte i valori del decoro e della tolleranza, di doversi proteggere dagli estranei. Pensavano che la sofferenza ci avrebbe fatto diventare santi, invece no. Li abbiamo delusi con la nostra banale umanità.
Ed eccoci qui ora. Haaji ha trovato lavoro in un albergo e mi ha nascosto nella sua stanza. Non parlavamo. Non avevo più nessun mistero. Le avevo insegnato tutto quello che sapevo e

non era abbastanza. Dopo un po' di tempo ho capito cosa c'era di sbagliato: non sapevo cosa chiederle.

Rimasi lì per giorni e la stanza diventò una specie di tomba. Era una buona occasione per pensare alla morte. Socrate voleva morire a modo suo, quando era pronto. Non era un suicidio; per lui la morte non era qualcosa da ottenere a tutti i costi, né si trattava di disperazione. Piuttosto, bisogna capire se vivere offre qualche vantaggio. Oggi la gente vuole vivere troppo a lungo. Meditare sulla mia morte mi ha certamente cambiato, ho meno paura.

Ogni tanto nel cuore della notte, se Haaji mi dava il via libera, sgattaiolavamo fuori dalla porta sul retro. Lei camminava davanti a me sicura, con il rossetto. Io ero trasandato e dovevo starle dietro, facendo attenzione a non perderla di vista. La distanza era fondamentale. Una donna come lei con un uomo del mio colore non avrebbe mai potuto tenermi per mano. Già erano convinti che copulassimo più del dovuto.

Al porto ci sedevamo su panchine diverse, uniti dallo sguardo, con cui parlavamo. Sono arrivato ad amare, se non ad ammirare, tutto ciò che è ordinario. Insieme a una testa vuota, è il miglior privilegio.

Una notte, quando infuriava la tempesta e il mare era un calderone spumeggiante, vidi all'orizzonte molte barche che portavano altre centinaia di stranieri come me con le braccia tese, che gridavano: "Libertà, libertà!" Al porto c'era grande scompiglio. Certi volevano vederli annegare. Per altri, bisognava rispettare i valori umani. Mentre litigavano, qualche barca affondò.

Ora sento un rumore. Sono i suoi passi. Entra, mi guarda appena. È diversa.

Raccoglie le sue cose ed esce. Mi precede come sempre. Sa quanto sono debole, ma cammina in fretta, troppo in fretta perché possa seguirla. Sa dove andare. Piove. Mi affretto, ma non c'è speranza.

La chiamo. Voglio un ultimo sguardo e un ricordo. "Ecco, prendili. Ne avrai bisogno."

Si ferma.

Un giorno tutto sarà spazzato via da un gran fuoco, tutto il male e tutto il bene, le organizzazioni politiche e la cultura e le chiese. Nel frattempo ci sono questi.

Le passo la mia sacca dei libri. Sono dentro di me, ormai. Posso lasciarli andare.

LA SCORPACCIATA

Se proprio volete saperlo, lo confesso. Negli ultimi diciotto mesi praticamente non sono uscito di casa perché ho guardato un sacco di televisione, o così mi è parso, più o meno cinque ore ogni sera. E sono convinto che tranne, diciamo, la seconda stagione di *Mr. Robot* non è stato tempo sprecato. Ci sono scene in *Mad Men* e in *Transparent* così riuscite, profonde e vere come non ho mai visto al cinema. E l'episodio di *Breaking Bad* in cui l'ex professore di chimica Walter White seppellisce i soldi accumulati vendendo metanfetamina è un capolavoro assoluto.

A parte i notiziari, lo sport e i documentari sui Beatles, non guardavo molta televisione già dagli anni ottanta e tantomeno, da giovane, avevo preso in considerazione l'idea di scrivere per la TV. Era un settore troppo compromesso e, tranne poche eccezioni, il livello era basso. Per quanto riguarda i film, molti dei registi con cui gli scrittori lavoravano volevano essere artisti piuttosto che raccontare storie, una vanità che ha rovinato molti registi e allontanato altrettanti scrittori. Lo sceneggiatore poteva solo sperare di fare un po' come un guidatore in seconda fila, che da dietro urla idee perlopiù inascoltate. Sembrava che un buon sceneggiatore potesse dimostrare il suo talento solo scrivendo per il teatro.

Questo avveniva prima – prima di scoprire che, lungi dall'alienare lo spettatore o lo scrittore, la televisione era *il* grande integratore sociale. Tutti la guardavano. Potevo parlarne con mia madre come con i miei figli adolescenti e i loro compagni di scuola. Mi ero reso conto che se andavo a trovare amici in qualsiasi paese del mondo tutti avevano una passione segreta, cioè programmi irrinunciabili e opinioni ben precise, e non vedevano l'ora di passarti il cappotto per poter continuare a godersi la sesta serie di *The Good Wife*. Prima che te ne andassi però, sondavano il terreno per capire quali erano i tuoi preferiti, temendo di perdersi qualcosa di interessante. Poteva facilmente rivelarsi lo scambio più appassionato di tutta la giornata. Non fatico a immaginare qualcuno che guarda certi programmi solo per avere qualcosa da dire a cena.

Quando ero giovane, un editor di una nota casa editrice aveva letto un romanzo che stavo scrivendo, e ritenendolo promettente era stato così gentile da venire in periferia per parecchie domeniche per insegnarmi a scrivere. Quello su cui poneva sempre l'enfasi era il carattere dei personaggi. Facendo sua un'idea di E.M. Forster, mi spiegò che gli scrittori dovevano evitare i personaggi "piatti" e cercare di renderli "rotondi" grazie all'aggiunta di dettagli anche contraddittori, perché così sono le persone. In questo modo, oltre a essere più facili da leggere, avrebbero preso vita.

Il formato televisivo è ideale per esplorare la creazione del personaggio, proprio grazie alla durata. Di recente ho guardato tutti gli ottantasei episodi dei *Sopranos*, seguiti da tutto *Breaking Bad* e poi da *Gomorra*. La lentezza di *Mad Men* – che, cosa interessante, ha un'origine letteraria: non si può fare a meno di notare le ombre di Fitzgerald, Cheever, Yates e Updike – mi ha disorientato e innervosito finché non sono riuscito ad adattarmi al suo ritmo. Si vedono i personaggi a letto, in cucina e al lavoro; si capisce quanto sono plasmati dalla politica e dalla divisione dei sessi e anche che hanno davvero poca libertà. La durata genera complessità. Vedere Tony Soprano entrare e uscire dal bagno con lo stomaco sottosopra, o accompagnare l'adorata figlia all'università prima di uccidere un conoscente a mani nude non sarebbe stato possibile nel *Padrino*, ad esempio, per mancanza di spazio.

Mi sono reso conto di quanto fosse avanzata la televisione, che aveva sostituito il pop come principale forma creativa, quando ho notato che i migliori scrittori – da David Chase e Matthew Weiner a Jill Soloway – lo riconoscevano. Avevano da tempo abbandonato l'idea di mostrare che il crimine non paga e che al pubblico piacciono protagonisti simpatici. Gli sceneggiatori televisivi si erano resi conto che gli spettatori adoravano vedere l'inganno, la manipolazione e il male: gente che faceva quello che avrebbero voluto fare loro, se fossero stati così fortunati da avere le palle, o da essere altrettanto avidi o stupidi. ("Più il cattivo ha successo, più il film ha successo," diceva Hitchcock.) E la nuova televisione ha aggiunto una cosa in più, ed è geniale: ha sbattuto fuori, per sempre, l'*happy end* salvifico.

La serie di lunga durata è perfetta per esaminare il capitalismo a sangue freddo esplorando il tema dell'accumulo di denaro, che è arrivato a giustificare qualsiasi illecito. L'unico tentativo di renderlo più virtuoso è l'idea che serva a dare sicurezza alla propria famiglia (fregandosene delle famiglie altrui). Il nichilismo grado zero è il fulcro del meraviglioso horror sadomasochista di *Gomorra*, per esempio.

In qualsiasi società la qualità dell'immaginazione è direttamente collegata alle opportunità, allo spazio che occupano, alla fiducia nella possibilità di sognare, rischiare e sperimentare. Mentre le opere di cui ho parlato riguardano in genere il terribile mistero del lato distruttivo dell'uomo e la preponderanza del materialismo sui valori umani – la loro esistenza è un tributo alla firma dello scrittore.

E, cosa altrettanto importante, sono un omaggio all'erotismo della collaborazione, un tributo a quello che le persone riescono a produrre unendo le forze e l'immaginazione. Questi programmi televisivi impiegano un numero enorme registi, produttori e attori e rappresentano una grande opportunità per gli scrittori – sfornati a dozzine dai corsi di scrittura creativa – di guadagnarsi da vivere con forme d'arte popolari.

L'arte migliore – Hitchcock, i Beatles, Picasso, Miles Davis – combina la sperimentazione con la popolarità, e accompagna il pubblico da un luogo familiare a uno nuovo, esplorando ciò che non è stato ancora detto.

Ma adesso devo proprio andare. Mi sono svegliato in pensiero per Don Draper, e non vedo l'ora di tornare in ufficio con lui.

UN GELATO CON ISABELLA

"Non si può avere tutto," diceva sempre mia madre. Ma qualcosa si può avere, e questo l'avevo imparato da solo. E quella cosa a volte può essere qualcos'altro.

Di sera, quando come mezzo mondo Isabella e io ci mettiamo comodi davanti alla TV – siamo sempre pronti a goderci qualche programma inquietante e interminabile in pigiama – ci piace condividere un gelato. Un gelato di soia, per la precisione, per colpa della mia dieta. Coperto di sottilissimo cioccolato. Delizioso.

Incaricata di andare a prenderlo, Isabella torna poco dopo a sdraiarsi alle mie spalle, e sento il fruscio dell'involucro strappato, seguito da una pausa. Ascolto il suo respiro e la lingua che guizza, una leccata seguita da un piccolo morso esplorativo e ben presto uno più deciso ma non affrettato nella scura distesa croccante imbiancata dal gelo.

Ecco: ha cominciato a gustarsi il gelato, proprio vicino al mio orecchio buono. Sono nervoso, eccitato, sempre più ingordo. Morde di nuovo, con forza stavolta, e sospira.

Un sospiro allettante. Ma devo aspettare. Prima o poi mi passerà il gelato, ovviamente. Isabella non si è mai dimostrata inaffidabile, mi consolo. Ma sono impaziente di natura e di certo non miglioro se devo fare i conti con la frustrazione. Sentendo una serie di piccole esplosioni nell'orecchio riesco a convincermi che la mia ingordigia sia davvero eccessiva, o a immaginare che Isabella possa essersi dimenticata di me, che per un attimo non sono più nulla per lei. Cosa succede?

Sta succhiando il gelato. Se lo gode senza di me.

Non vado spesso a cene o a feste e non mi interessa un granché esplorare il mondo. Felice di starmene nel mio angolino, non voglio sapere, e tutto mi pare poco importante. Questo è dovuto in parte alla pigrizia dell'età, ma soprattutto al fatto che qui c'è tutto quello di cui ho bisogno.

E così mi pregusto già la delizia di quel gelato di soia dopo l'attesa, quando sarà il mio turno. Non voglio altro.

Al mattino penso ai Beatles. Mi succede praticamente tutti i giorni, fa parte della mia vita. Penso a come avevano lavorato insieme, sotto la guida di George Martin e Brian Epstein, per arrivare all'esempio ideale di collaborazione senza un capo. Quattro ragazzi geniali, affascinati l'uno dall'altro, uniti per creare insieme qualcosa che non avrebbero mai fatto singolarmente. Si potrebbe definire una costellazione di personalità, o un circuito operativo, oppure, per chi ha una mentalità più tecnica, un'unità orizzontale. Si potrebbe aggiungere: forse era stata una dipendenza necessaria ma tremenda, e a volte insopportabile.

Ovviamente potrei arrangiarmi da solo e mangiare il mio gelato, come avevano fatto i Beatles alla fine. Ci sono altri gelati in frigo e un'infinità nel mondo, e potrei ingollarmene quanti ne voglio da solo, senza farmi vedere. Però si può anche coniare una frase del tipo: non importa quello che stai facendo, basta che lo fai con qualcun altro. Dopotutto, non puoi farti ridere da solo o darti una pacca sulla schiena. Mangiare un gelato da solo può essere una piacevole liberazione o una penosa sconfitta.

Sapendo quanto sono pericoloso con i gelati, Isabella mi avrà già portato per precauzione un tovagliolo di carta per infilarmelo sotto il mento e impedirmi di sporcare il divano o i vestiti quando sarà il mio turno. Mentre il cioccolato comincerà a sfaldarsi, raccoglierò i pezzettini dal tovagliolo e li farò sciogliere sulla lingua.

Sta ancora mordicchiando. Come può farmi una cosa del genere sapendo che sono da sempre sulle spine quando devo mangiare: e se non arriva? E se non è abbastanza? Sarò sazio dopo? Dopotutto sono cresciuto negli anni cinquanta, che di certo non è stato un decennio d'oro per il cibo. La cosa si sta facendo irritante.

Da bambini il gelato era il premio preferito, e di sabato i nostri genitori ci portavano al modernissimo Wimpy Bar che aveva appena aperto su Bromley High Street. Il secondo premio era aspettare in soggiorno che la radio passasse un nuovo pezzo dei Beatles. Mi viene tristezza al pensiero che non sentirò mai più un loro disco nuovo. I Beatles, che per noi erano un vero e proprio oggetto di venerazione, avevano rinunciato per altri amori a rimanere uniti e a produrre quella musica sovrannaturale che gli riusciva così bene insieme. Forse quel bozzolo era diventato claustrofobico e avevano cominciato a chiedersi se davvero erano geniali come la gente credeva o se tutto dipendeva dai loro sostenitori, dagli amici che li aspettavano in studio per prenderli in giro o spronarli a migliorare. Era un'epoca di monologhi più che di conversazioni. E dopo qualche tempo, fedeli a se stessi, avevano trovato dei nuovi compagni.

Isabella mi passa il gelato. Dopo qualche morso glielo restituisco ma lei mi dice di finirlo pure. Quando non ce n'è più mi pulisco la bocca e mi abbandono a occhi chiusi, come il poppante sazio che vorrei essere, in quel nido d'amore. Poco dopo ci addormentiamo.

A volte, come scrisse Wallace Stevens, il mondo è brutto e la gente è triste. Non è sempre facile godere delle piccole cose. Dopo anni sprecati in idiozie e infelici distrazioni – condividere un gelato con Isabella è sufficiente a convincermi che tutto quello che ho sempre voluto e di cui ho bisogno culmina in questo istante, senza paure e senza ansie.

Domani ascolterò di nuovo i Beatles. Domani ci saranno altre chiacchiere con Isabella; altri assaggi, altri morsi, altri gelati. Se sono fortunato, ce ne saranno anche il giorno dopo.

Mangiare un gelato: una cosa semplice che si è trasformata in una bella collaborazione. Non ho mai desiderato altro.

IL MILIARDARIO VIENE A CENA

Fu solo quando si misero a imbiancare il soggiorno che si resero conto che il miliardario era un miliardario.

Luna e Shiv avevano appoggiato le biciclette contro la parete e quando il proprietario, che era un buon amico, li informò che sarebbe tornato a riprendere possesso dell'appartamento alla fine del mese, pensarono che sarebbe stato gentile ridipingere tutto prima di andarsene.

Shiv usava il soggiorno per le sue lezioni, e non aveva finito di imbiancare quando il Miliardario era arrivato per la sua lezione. Stava imparando "When the Levee Breaks" dei Led Zeppelin. Guardò la superficie bianca e disse: "Dovrei trovarti qualcosa per quello spazio."

Spesso gli allievi portavano vino, biscotti, arance o fiori. Ma quando il Miliardario tornò, il suo autista lo accompagnò in casa con un gigantesco ritratto di Jimmy Page, una foto drammatica ed emozionante incorniciata e firmata dal fotografo.

Il miliardario la prese dalle mani dell'autista e la porse a Shiv. "Questo è per il tuo soggiorno, per ringraziarti e per scusarmi di tutte le note stonate che hai dovuto sopportare."

Shiv lo ringraziò, appoggiò la foto contro la parete e proseguì la lezione.

Quando il miliardario se ne andò, Shiv guardò a lungo il ritratto, spostandolo qua e là. Poi mandò un messaggio al Miliardario, dicendogli che era la cosa più bella che avesse mai posseduto.

Luna insegnava pianoforte nelle scuole del quartiere; Shiv insegnava principalmente nell'appartamento spazioso che avevano affittato a un buon prezzo l'anno prima, da un chitarrista che era in tournée con un musical. Shiv era stato abbastanza fortunato da reclutare un buon numero di studenti in zona. Se erano giovani, andava lui a casa loro.

Anche parecchi genitori – banchieri, chirurghi, manager – avevano chiesto di prendere lezioni; uno di loro l'aveva raccomandato all'uomo che ormai chiamavano il Miliardario. Il Miliardario era cresciuto con la passione per il blues e aveva bisogno di un insegnante per migliorare. Aveva studiato con Shiv per un paio di mesi, e a volte andava due volte la settimana.

L'appartamento aveva un giardino che attirava uccelli, volpi, scoiattoli e gatti randagi, e spesso Shiv e Luna facevano colazione all'aperto. Era in una zona residenziale, con un parco e un lago nei pressi e ottimi trasporti. Shiv era impressionato dalle dimensioni delle case e dalla ricchezza delle famiglie dove insegnava, tutte con giardinieri, domestici, au pair, tutor e l'immancabile personal trainer.

Alcuni dei genitori dei suoi allievi gli parlavano in tono brusco se non sprezzante, come se fosse parte dello "staff". Questo lo spiazzava: non solo suo padre era avvocato e sua madre medico, ma aveva sempre considerato il blues come qualcosa che trascendeva le classi sociali. Ben presto gli avrebbero chiesto di usare l'entrata secondaria, si lamentava con Luna.

Quella sera Luna rientrò e vide la foto contro la parete bianca. Anche lei era impressionata da quel ritratto di Jimmy Page in tutta la sua gloria rock'n'roll. Aprirono una bottiglia di vino, si sedettero davanti alla foto e discussero se appenderla sulla parete appena dipinta o aspettare di trovare casa. Se troviamo qualcosa e se c'è spazio, precisò Luna.

Rimase sveglia fino a tardi e mentre si infilava a letto, svegliò Shiv per dirgli che aveva una notizia incredibile. Aveva fatto delle ricerche sulla foto e aveva scoperto che non solo era originale – cosa di cui si erano resi conto – ma che era autografata e valeva almeno 3500 sterline. Forse avrebbero potuto ottenere anche di più vendendola. Non era una buona idea? Non avevano bisogno di soldi?

Shiv disse che non aveva intenzione di venderla; e poi il miliardario se ne sarebbe accorto. Non solo: quella fotografia avrebbe emozionato ogni studente che passava di lì. Comunque, la adorava già e sapeva che gli sarebbe mancata. Poteva essere l'inizio di una collezione, un nuovo hobby per entrambi, se mai avessero guadagnato qualcosa.

E poi Luna aveva scoperto un'altra cosa importante: il tizio era miliardario. Era sulla quarantina adesso, ma aveva investito presto in tecnologia per poi acquistare proprietà e ristoranti, ed era più ricco di molti dei compositori e cantanti che ammiravano. Che dire di questo?

Shiv era sorpreso ma anche irritato. Che dire, in effetti?

Era troppo pigro per fare ricerche sulle persone a cui insegnava e gli sembrava invadente. Se qualcuno voleva imparare a suonare "Back Door Man" con l'ukulele, cosa importava che lavoro faceva? Le tariffe rimanevano le stesse.

Ma perché? Luna sosteneva che persone come loro non potevano farsi sfuggire un'opportunità; sarebbe stato stupido perdere quel treno. Shiv disse che non capiva quale fosse l'opportunità, Luna rispose che era tipico di lui. In che senso? chiese lui. Tipico come? E di cosa? Se non l'aveva già capito, lei era troppo stanca per spiegarglielo.

Alla lezione successiva del Miliardario, Shiv notò che Luna non solo era rimasta a casa, ma ascoltava, e addirittura guardava, dalla cucina. La vide nello specchio, che dondolava la testa.

Non farlo mai più, le disse Shiv dopo. Era una distrazione e il Miliardario avrebbe potuto accorgersene. Non spiare. Hai uno sguardo da matta. Penserà che siamo pazzi e non tornerà. Ehi, cosa c'è?

Vieni qui.

Lei si spogliò in un attimo. Fecero l'amore davanti al ritratto.

Dopo, Luna commentò che il Miliardario non portava gioielli, aveva un cellulare vecchio, jeans e maglietta ordinari. Era educatissimo e modesto, e faceva sempre i compiti, ma a quanto pareva era notoriamente duro ed esigente.

Doveva essere incredibile aver fatto tanta strada. Luna aveva scoperto un sacco di cose sulla sua famiglia. Era come *Dynasty*, e...

Shiv alzò una mano. Basta. Fermati. Non voleva sentire altro. Era inutile.

Ma, continuò lei, aveva notato anche il modo in cui il miliardario si chinava in avanti e ascoltava Shiv, il suo mentore musicale, con curiosità e attenzione assoluta. Era evidente che lo ammirava: le sue mani, la sua voce, la sua calma. Forse lo amava persino. Forse voleva andare a letto con lui. Sei sicuro di non provare qualcosa per lui? Puoi dirmelo. Non essere inibito. Toccami, esploriamo, voglio vedere.

Forse interessa a te, Luna. Sì? È vero, a volte amo i miei studenti, ammette Shiv. Mi commuovono. Vogliono qualcosa da me, e io voglio aiutarli. È uno scambio, una specie di *agape*, o amore oggettivo. Non è affatto sessuale. Non in quel senso, no. È un legame molto più profondo, quello tra persone che collaborano e condividono.

Non importa: Shiv aveva una sorta di ascendente su di lui, era lì tangibile, qualcosa con cui potevano lavorare. C'era domanda e loro erano ben posizionati. La sua migliore amica Winnie, un'assistente sociale, voleva già sapere se il Miliardario era interessato a imparare il pashtu, il tango, il ricamo o una nuova posizione sessuale. Se lei e Shiv non sgomitavano, altri avrebbero fatto a gara per arrivare a lui. Ne sono sicuro, disse Shiv. Luna, amore mio, se questo fosse un noir e noi avessimo la fortuna di essere dei delinquenti, saremmo pronti a strangolare e pugnalare il Miliardario insieme, con sommo godimento. Lo avvolgeremmo nel tappeto per poi trascinarlo fuori e buttarlo nel bidone della spazzatura. A quel punto compreremmo champagne e una macchina rossa e faremmo sesso. Potremmo rubagli l'identità o cambiarci il nome in Bonnie e Clyde. Ma anche così non riusciremmo ad avere la sua grana. E io avrei perso uno studente. Purtroppo questa è la realtà.

Vero, disse lei. È proprio così. La realtà è proprio una merda.

L'invidia è peggio. È una cosa terribile.

Non è vero, dice lei. Basta usarla come guida per ciò che si vuole. Una mappa del futuro. Una direzione. Una destinazione a cui mirare.

Winnie le aveva chiesto perché aiutare gli altri a progredire quando tu non vai da nessuna parte? Perché fare tanto per gli altri e niente per se stessi?

Shiv, non è una buona domanda?

Erano rilassati, sdraiati, e bevevano davanti alla fotografia. Ruotandola lievemente, potevano vedersi riflessi nel vetro.

Chiacchieravano per la prima volta dopo che avevano perso il bambino. Negli ultimi mesi era come se fossero stati storditi e non sapessero se e come andare avanti.

Poi avevano ritrovato la leggerezza. Che fatica essere così ricchi, con tutti che vogliono qualcosa da te, e i tuoi amici devono avere soldi a palate, finché non rimani isolato con altri miliardari. Naturalmente, per quanto riguardava l'isolamento, si sarebbe adattata. Una villa in Italia con vista sublime sul mare, biancheria raffinata, quadri antichi, bagni di lusso e un home cinema; una piccola barca, e nessuna preoccupazione per le spese.

Stai diventando molto materialista, disse Shiv.

Davvero?

Non me m'ero accorto. È l'influenza di Winnie? Mi piacciono i soldi, ma non così tanto da sbattermi per averli. A quanto pare il sesso e i soldi possono far impazzire la gente, ma non me lo aspettavo da te, nemmeno dopo sette anni insieme. Ora mi sembri strana. Ti guardo in modo diverso. Ti stai togliendo uno strato dopo l'altro, davanti a me. Mi chiedo: cosa c'è veramente sotto?

Io stessa non me n'ero accorta. Fino a poco tempo fa.

Finché non è arrivato lui? Ha fatto, o forse disfatto qualcosa in te, in noi. E non possiamo fermarlo ormai. Ma che cos'è?

Non solo lui. La vita stessa. A quasi trent'anni abbiamo perso qualcosa. Rispondimi: resteremo a questo livello per il resto della vita? Siamo così? È così che ci vedi?

Non c'è bisogno di innervosirsi, di diventare taglienti, nervosi, dice lui. Ammettiamolo, resteremo per sempre a "questo livello" a meno che uno di noi non sforni un disco di successo. Ci abbiamo provato per anni. Si sta facendo tardi per la fama e la fortuna. Paul McCartney aveva la mia età quando i Beatles si erano sciolti.

La discussione proseguì anche il giorno dopo. Lui aveva cominciato a preparare gli scatoloni e dopo il lavoro andava a vedere case e poi mostrava le foto a Luna.

Deprimente, diceva lei, pessima, e si rifiutava di guardarle con attenzione, oppure allontanava il cellulare. Avrebbe preferito dormire in strada o persino morire piuttosto che vivere lì, anche se avevano un ritratto di Jimmy Page a coprire la muffa.

Da qualche parte dovremo andarcene, sottolineò Shiv. Non possiamo sottrarci al fatto che dobbiamo lasciare questa zona e che probabilmente non avremo mai più un giardino così bello. Dovremo prendere i mezzi per tornare qui. Perderemo buona parte degli allievi, non vorranno venire in una zona degradata. Ma cosa possiamo farci? Non ci resta che andare avanti.

Lei gli parlava sopra, di persone che conoscevano. Il padre di un amico aveva venduto un quadro; la zia di un altro gli aveva lasciato una casa a Venezia o in campagna; qualcuno aveva venduto il romanzo d'esordio a Hollywood. Lei voleva una *storia*. Perché loro non avevano *una cazzo di storia*?

Shiv, apri gli occhi. Guardati intorno, tesoro. Riusciamo a malapena a vedere il cielo con le gru che abbiamo sopra. Tutt'intorno spuntano case di lusso con balconi enormi e cancellate imponenti. Forse ci faranno entrare per dare lezione, ma non ci vivremo mai. Per chi li costruiscono? Perché non sono per gente comune, persone istruite come noi? Stiamo perdendo il nostro posto. Quando hai suonato al bar l'altra sera, era come se stessero per chiederti anche di servire da bere e lavare i piatti. Ti amo, e detesto vederti così. Quindi adesso siamo la feccia?

Non proprio. Shiv la esortò pazientemente a riconoscere che, nonostante i loro piccoli guai, erano la coppia più fortunata del mondo: a differenza della maggior parte delle persone avevano un lavoro che amavano, e anche se certo qualcosa mancava, non avevano abbastanza di tutto? E poi ci sarebbe sempre stato qualcuno che aveva di più, quindi perché mai pensarci? Invidiava forse Bill Gates? Sicuramente anche il Miliardario era frustrato. Shiv ne era convinto. I soldi non possono comprare il talento, e il massimo desiderio del Miliardario era di stare sul palco sotto i riflettori e suonare un assolo come Jimmy Page. Non l'avrebbe mai esaudito.

Stai dormendo? gli chiese Luna. Non si era accorto di nulla? Che aveva cominciato a odiare il suo lavoro e che ben presto fare la stessa cosa ogni giorno con gente mediocre che doveva adulare avrebbe spento il suo spirito? Perché non riusciva a riconoscere la sua insoddisfazione? Non era la sua invidia il problema; *a lui* mancavano l'ambizione e la speranza, cioè il motore che teneva in vita la gente.

Shiv si offese. Cos'altro potevano fare se non vivere la loro vita?

Cosa potevano fare? Luna aveva molte idee.
Per esempio?
Smetterla di essere così educati, rispettabili, così trattenuti.
E a quale scopo?
Per prima cosa avrebbero potuto aprirsi e discutere della loro situazione con il Miliardario. Se era diventato così ricco, forse poteva aiutarli ad arricchirsi un po' o dare dei suggerimenti. Doveva essere pieno di idee geniali e di immaginazione. Perché non poteva aiutarli?

Sarebbe stato un inizio. Avrebbero potuto partire da lì. Lei poteva suggerire a Shiv qualcosa da proporre. Shiv cominciò a ridere e non riusciva a fermarsi, e questo la fece infuriare. Se mi dici ancora una volta che siamo felici perché ci amiamo e amiamo il nostro lavoro ti tiro un pugno, disse Luna. Okay? È

compiacenza, e io voglio cambiare le cose adesso. Ci andrei a letto...
Ci andresti a letto?
Probabilmente. Sì. Perché no?
Perché no?
E tu?
No.
Però guarderesti, vero? Lo sapevo.
Shiv scosse la testa, lei uscì. Non la trovò per parecchie ore e cominciò a preoccuparsi. Non poteva continuare a cercarla perché aveva lezione.

Mentre il Miliardario infilava la sua chitarra nella custodia e si preparava ad andarsene, Luna entrò improvvisamente nella stanza con i suoi vestiti migliori, lo abbracciò, lo baciò e lo ringraziò per la fotografia.

Aveva avuto un'idea. Voleva invitarlo a cena, alla fine della prossima settimana, con un gruppetto di amici intimi. Era libero? Sarebbe stato semplice ma piacevole. Gli avrebbe fatto piacere?

Sì, moltissimo. Sarebbe stato davvero bello. Era un'offerta generosa, davvero gentile.

Dopodiché fu tutto frenetico. Fecero un piccolo elenco di amici da invitare. Ci sarebbero state altre due coppie e una donna single per fare numero. Le prime persone a cui avevano chiesto, una coppia che poteva lasciarsi impressionare ma non troppo, rifiutò immediatamente. I miliardari non erano più dei grassoni con il sigaro in bocca, abiti eleganti e arie da spaccone, ma lui rimaneva comunque un bastardo sfruttatore, anche se faceva beneficienza per la fauna selvatica.

Le donne single sgomitavano. Avrebbero potuto vendere i biglietti, riempire uno stadio e trasmettere lo spettacolo dal vivo. Ma Luna insisteva che gli invitati dovevano mantenere la calma e un certo aplomb; non voleva niente di volgare che li mettesse in imbarazzo. Anzi, voleva sapere cosa avrebbero indossato tutti. Alla fine scelsero Winnie, che insistette, e poi implorò, finché Shiv si arrese.

La cena semplice, a cui Luna si riferiva come "investimento", richiese tre giorni per l'organizzazione. Setacciarono libri di cucina e mercati, comprarono candele, tovaglioli e buon vino, presero in prestito piatti e posate, pulirono e lucidarono; discussero a lungo della musica. Erano già svuotati prima che iniziasse, a partire dal portafoglio. Shiv disse che l'Ultima Cena doveva essere stata più semplice.

La sera della cena il Miliardario, raffinato come sempre, aveva portato un dolce e dei fiori; gli altri vino o gelato. A tavola si chiacchierava di mostre, film e teatro.

Luna, che lo osservava ogni volta che poteva, si rese conto che il Miliardario non era stato in silenzio, cosa che avrebbe attirato l'attenzione, ma aveva fatto domande, mantenendo viva la conversazione, e quando parlava diceva cose banali. Winnie aveva insistito per sedersi vicino a lui – Luna aveva specificato non sopra di lui – e Luna le aveva dato istruzioni di chiedergli se pensava che fondare una scuola di musica fosse una buona idea. Non male, aveva detto, ma le scuole non erano il suo forte. Era stato un ribelle e aveva abbandonato presto gli studi.

Verso la fine della serata, quando erano tutti un po' brilli, qualcuno si era fatto coraggio e gli aveva chiesto se conosceva qualche investimento sicuro, sì di quelli terra terra, per gente con pochi soldi. Il Miliardario scoppiò a ridere: la cosa più saggia da fare era avere un normale conto in banca. Non tentare mai niente di eccitante con i soldi, disse. Rilassati e goditeli.

A sorpresa, lui e Shiv annunciarono che avrebbero suonato "Going to California" con la chitarra acustica. Alla fine tutti applaudivano e chiesero il bis.

Il Miliardario si scusò e disse che doveva andare, gli toccava alzarsi presto il mattino dopo e prendere un volo per l'Africa, dove stava espandendo il suo ente di beneficenza. Il cibo e la compagnia erano stati deliziosi, ed era davvero felice che il ritratto fosse piaciuto tanto.

Si avvicinarono tutti alla finestra a guardare la macchina nera che usciva dal vialetto.

Come aveva potuto? disse Luna davanti a tutti. Non ci credo. Gli animali selvatici mangeranno caviale. Ha portato una torta! Ecco cosa ci ha dato, dopo tutto quello che abbiamo fatto per lui.

Oh, Luna, disse Shiv, da dove ti venivano tutte quelle stupide speranze, quando si capiva da subito che non ne sarebbe venuto fuori niente? Ha già tutto! Può permettersi di deludere.

Stai zitto, per favore. Dimentichiamoci tutto! Mettiamo della musica, devo togliermi queste scarpe. Adesso dobbiamo ballare e bere! Shiv dice che dobbiamo vivere l'attimo, ed eccoci!

Qualcosa era successo alla fine. Luna crollò e rimase a letto per tre giorni con una specie di febbre. Shiv stava facendo gli scatoloni, ma qualche volta si sdraiava con lei. A letto, Luna cominciò a usare il nome del Miliardario, e Shiv la assecondava. Il Miliardario diventò un osceno stimolante. Per un certo periodo rimase con loro, e li spingeva in varie direzioni, con modi brutali. Shiv diceva che fantasticare era il massimo che potessero fare con lui.

Il mese successivo lasciarono l'appartamento e si trasferirono a sud del fiume, in un seminterrato con le sbarre alle finestre. Era una zona pericolosa, sporca, e di notte c'era tanto baccano che spesso rimanevano svegli. Avevano meno allievi, ed era stato costoso comprare mobili nuovi.

La cosa peggiore – e forse era stato quello a costringere a letto Luna, secondo Shiv – era che il Miliardario aveva invitato Winnie a uscire con lui. Non solo, dopo averlo detto a Luna ed essere andata all'appuntamento, lei si era rifiutata di rivelare anche il minimo dettaglio – se le piaceva, se lo avrebbe rivisto. Non una parola, blackout totale, tranne che era andata con lui a Venezia.

Shiv disse che l'importante era che non perdessero altri studenti. Il Miliardario continuò a venire a lezione, Shiv lo spronò a lavorare su Howlin' Wolf. Faceva progressi, disse Shiv, mentre sedeva vicino a Luna sotto la fotografia di Jimmy Page. Era davvero intelligente.

Il Miliardario accennò al fatto che voleva fondare un gruppo blues amatoriale con degli amici, per fare dei concerti di beneficenza. Si chiedeva se Shiv volesse suonare la chitarra con loro e produrre la musica. Sarebbe stato una bomba. Shiv disse di sì, e aggiunse che Luna avrebbe potuto suonare il piano finché la gravidanza gliel'avrebbe permesso.

NOTA

Il saggio "Cippi cippi gnam-gnam" è stato pubblicato per la prima volta in *Sight & Sound*.

Il saggio "Se le loro labbra non fossero serrate dalla paura" è stato pubblicato in Slavoj Žižek, *Antigone*, Bloomsbury, 2016.

Il racconto "L'amore è sempre una novità" è stato pubblicato su *The Amorist*.

Il saggio "L'età degli eccessi" è stato pubblicato sulla rivista *Port* e sulla *Repubblica*.

Il saggio "Londra, città aperta" è stato pubblicato sul *Financial Times*.

Il saggio "Dove sono finiti tutti quanti?" è stato pubblicato su *L'Espresso* e su *Vrij Nederland*.

Il saggio "Due Keith e il pianoforte sbagliato" è stato pubblicato su *Granta*.

Il saggio "Il diavolo dentro" è stato pubblicato su *Guardian*, *La Stampa* e *Frankfurter Allgemeine Zeitung*.

Il saggio "Leggimi nel pensiero" è stato pubblicato sul *Guardian*.

Il saggio "Il bacio della Musa" è stato pubblicato sul *Guardian*.

Il racconto "Lei dice, lui dice" è stato pubblicato sul *New Yorker*.

Il saggio "Sentirete la nostra voce" è stato pubblicato sul *Guardian* e sulla *Repubblica*.

Il saggio "Un uomo carismatico" è stato pubblicato sul *Guardian*.

Il saggio "Starman Jones" è stato pubblicato sul *Guardian* e sulla *Repubblica*.

Il saggio "L'orologio di suo padre" è comparso per la prima volta come prefazione a Georges Simenon, *The Train*, Kampa Verlag, 2020.

Il racconto "La vedova", qui presente in una nuova versione, è stato pubblicato sul *Messaggero* e nella traduzione di Davide Tortorella nel volume *Love+Hate*, Bompiani, 2018.

Il saggio "Viaggiare per capire" è stato pubblicato sulla *London Review of Books*.

Il saggio "Perché dovremmo dare retta a Dio?" è stato pubblicato sul *Times Literary Supplement*.

Il saggio "Fanatici, fondamentalisti e fascisti" è stato pubblicato su *Spectator* e sulla *Repubblica*.

Il racconto "Da nessuna parte" è stato pubblicato sulla rivista *Zoetrope: All-Story* e con il titolo "In nessun posto", traduzione di Davide Tortorellla, nel volume *Love+Hate*, Bompiani, 2018.

Il saggio "La scorpacciata" è stato pubblicato sul *Guardian*.

Il saggio "Un gelato con Isabella" è stato pubblicato sul *Corriere della Sera*.

INDICE

Prefazione   7

Cippi cippi gnam-gnam   13
Se le loro labbra non fossero serrate dalla paura   23
L'amore è sempre una novità   27
L'età degli eccessi   31
Londra, città aperta   39
Dove sono finiti tutti quanti?   43
Due Keith e il pianoforte sbagliato   47
Il diavolo dentro   57
Leggimi nel pensiero   63
Il bacio della Musa   67
Lei dice, lui dice   71
Sentirete la nostra voce   79
Un uomo carismatico   83
Starman Jones   87
L'orologio di suo padre   95
La vedova   103
Viaggiare per capire   111
Perché dovremmo dare retta a Dio?   119

Fanatici, fondamentalisti e fascisti	129
Da nessuna parte	135
La scorpacciata	153
Un gelato con Isabella	157
Il Miliardario viene a cena	161
Nota	173

Finito di stampare nel mese di marzo 2022 presso
Elcograf S.p.A. Stabilimento di Cles (TN)

Printed in Italy